66 매일

ⓦ 완

공부력

ⓠ 왜 공부력을 키워야 할까요?

쓰기력

정확한 의사소통의 기본기이며 논리의 바탕

연필을 잡고 종이에 쓰는 것을 괴로워한다!
맞춤법을 몰라 정확한 쓰기를 못한다!
말은 잘하지만 조리 있게 쓰는 것이 어렵다!
그래서 글쓰기의 기본 규칙을 정확히 알고
써야 공부 능력이 향상됩니다.

어휘력

교과 내용 이해와 독해력의 기본 바탕

어휘를 몰라서 수학 문제를 못 푼다!
어휘를 몰라서 사회, 과학 내용 이해가 안 된다!
어휘를 몰라서 수업 내용을 따라가기 어렵다!
그래서 교과 내용 이해의 기본 바탕을
다지기 위해 어휘 학습을 해야 합니다.

독해력

모든 교과 실력 향상의 기본 바탕

글을 읽었지만 무슨 내용인지 모른다!
글을 읽고 이해하는 데 시간이 오래 걸린다!
읽어서 이해하는 공부 방식을 거부하려고 한다!
그래서 통합적 사고력의 바탕인 독해 공부로
교과 실력 향상의 기본기를 닦아야 합니다.

계산력

초등 수학의 핵심이자 기본 바탕

계산 과정의 실수가 잦다!
계산을 하긴 하는데 시간이 오래 걸린다!
계산은 하는데 계산 개념을 정확히 모른다!
그래서 계산 개념을 익히고 속도와 정확성을
높이기 위한 훈련을 통해 계산력을 키워야 합니다.

세상이 변해도
배움의 즐거움은
변함없도록

시대는 빠르게 변해도
배움의 즐거움은
변함없어야 하기에

어제의 비상은
남다른 교재부터
결이 다른 콘텐츠
전에 없던 교육 플랫폼까지

변함없는 혁신으로
교육 문화 환경의 새로운 전형을
실현해왔습니다.

비상은 오늘, 다시 한번
새로운 교육 문화 환경을 실현하기 위한
또 하나의 혁신을 시작합니다.

오늘의 내가 어제의 나를 초월하고
오늘의 교육이 어제의 교육을 초월하여
배움의 즐거움을 지속하는 혁신,

바로, 메타인지학습을.

상상을 실현하는 교육 문화 기업 비상

메타인지학습
초월을 뜻하는 meta와 생각을 뜻하는 인지가 결합된 메타인지는
자신이 알고 모르는 것을 스스로 구분하고 학습계획을 세우도록 하는
궁극의 학습 능력입니다. 비상의 메타인지학습은 메타인지를 키워주어
공부를 100% 내 것으로 만들도록 합니다.

완자

ⓦ 완자

공부력

초등 국어
독해 6B

초등 국어 독해

5A, 5B, 6A, 6B 글감 구성

국어 교과 글감

	5학년 수준				6학년 수준		
말하기	5B	03 바람직한 대화의 방법		문학	6B	01 목걸이 하나로 뒤바뀐 인생
문법	5A	16 잘 쓰자! 신조어			6A	01 우리를 아프게 하는 욕
문학	5A	10 코르니유 영감의 비밀			6A	02 정리 정돈의 달인 되기
	5B	08 약속을 지킨 배추 장수		읽기	6A	06 까마귀는 억울해
	5B	10 홈스, 모자 주인을 추리하다			6A	13 우리 문화재 지킴이, 간송 전형필
읽기	5A	03 스스로를 사랑해요			6A	19 독이 되는 비난, 약이 되는 비판
	5A	13 욕심을 이용하면 사냥도 쉽다					
	5B	16 노극청과 현덕수 이야기					

사회 교과 글감

	5학년 수준				6학년 수준		
	5A	01 5월의 기념일			6A	03 젓가락 삼국지
	5A	05 화장의 역사			6A	17 올바른 국기 게양 방법
	5A	08 옷차림 속 직업 이야기		사회·문화	6B	06 풍요를 부르는 품종 개량
	5A	15 어린이 게임 중독, 문제야			6B	09 미래에 기대되는 직업
사회·문화	5A	19 황금 씨앗을 지켜라			6B	14 한류가 힘이다
	5B	02 말하는 대로			6B	18 다른 게 틀린 건 아니야
	5B	05 까치밥 풍습에 담긴 의미			6B	20 혈액 보유량 부족, 어떻게 해결할까
	5B	17 1인 미디어 전성시대		경제	6B	08 쇼핑, 어디까지 진화할까
	5B	18 1대 29대 300의 법칙			6B	13 아름다운 거래, 공정 무역
경제	5B	13 일코노미를 아시나요		생활	6B	04 언제까지 먹을 수 있나요
법	5B	15 저작권 침해, 범죄일까			6A	10 꽃처럼 아름다운 담, 꽃담
역사	5A	11 나라를 구한 백성들		역사	6B	11 농사와 관련된 명절
	5A	14 임금님은 일식이 걱정이야			6B	15 암호를 풀어라
	5B	19 임진왜란 때문에 바뀌었어		정치	6A	12 다수결의 함정
지리	5B	07 도로명 주소의 비밀		지리	6A	14 아프리카의 이상한 국경선
	5B	11 어서 와, 경주는 처음이지			6A	04 골칫거리가 된 플라스틱
				환경	6A	09 작아서 더 무서운 미세 먼지
					6A	20 쓰레기도 다시 보자, 업사이클링
					6B	19 생태 발자국 줄이기

과목별 공부 영역을 반영한 글감을 통해
풍부한 배경지식과 독해 실력을 키워요!

과학 교과 글감			5학년 수준				6학년 수준
	물리	5A	**17** 빛의 세계		기술	6A	**07** 디지털 기술로 문화재를 지키다
		5B	**12** 터져야 제맛, 팝콘			6B	**12** 웨어러블 디바이스
	생물	5A	**02** 몸과 마음이 자라는 사춘기			6B	**16** 의공학, 어디까지 발전할까
		5A	**04** 상상력 다이어트		물리	6A	**15** 에너지가 변신해요
		5A	**12** 동물들이 집단을 이루는 이유			6A	**18** 듣기 좋은 소음도 있다고요
		5A	**20** 왜 멸종했을까		보건	6B	**05** 우울증 극복 방안
		5B	**01** 나는 똥이야		생물	6A	**05** 지방, 너무 미워하지 마세요
		5B	**06** 우리 몸속 세균 이야기			6A	**11** 시력의 모든 것
		5B	**09** 바다의 뛰어난 잠수부, 향유고래			6B	**02** 미생물이 만드는 음식
	지구과학	5A	**09** 화산이 분출한다			6B	**07** 단맛, 쓴맛의 비밀
		5A	**18** 밤하늘의 보석, 별자리		지구과학	6A	**08** 슈퍼 문의 신비
		5B	**14** 구름은 일기 예보관		화학	6B	**03** 과자 봉지, 왜 빵빵할까
	화학	5A	**06** 소금과 설탕이 궁금해			6B	**17** 향신료의 특징과 효능

수학 교과 글감			5학년 수준			6학년 수준
	단위	5B	**20** 미터법의 탄생	수	6A	**16** 숨어 있는 수학을 찾아라

예체능 교과 글감			5학년 수준			6학년 수준
	미술	5A	**07** 신기한 입체 그림	미술	6B	**10** 세계 건축물 탐방
	체육	5B	**04** 달리기와 수영의 효과			

특징과 활용법

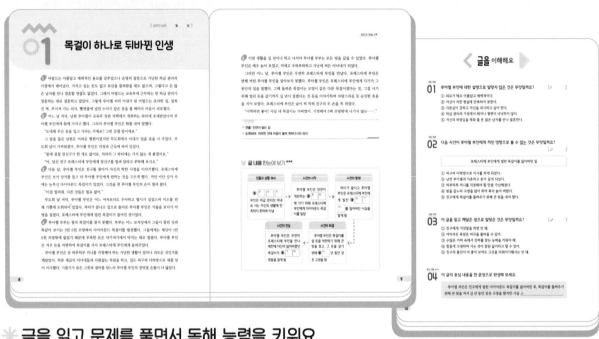

✳ 글을 읽고 문제를 풀면서 독해 능력을 키워요.

✳ [글 내용 한눈에 보기]를 통해 글의 구조를 파악하는 능력을 길러요.

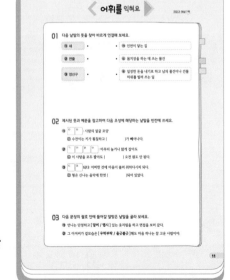

✳ 글에 나온 어휘를 다양한 문제를 통해 재미있게 익혀요.

✅ 책으로 하루 4쪽 공부하며, 초등 독해력을 키워요!

✅ 모바일앱으로 공부한 내용을 복습하고 몬스터를 잡아요!

| 공부한 내용 **확인하기** | 모바일앱으로 복습하기 |

 앱 다운받기   책 인증하기

✳ 20일 동안 공부한 내용을 정리 💡 해 보며 자기의 실력을 확인해요.

✳ 그날 배운 내용을 바로바로, 또는 주말에 모아서 복습하고, 다이아몬드 획득까지! 💎 공부가 저절로 즐거워져요!

차례

일차	과목	영역	제목	쪽수	공부 확인
01	국어	문학	목걸이 하나로 뒤바뀐 인생	8	○
02	과학	생물	미생물이 만드는 음식	12	○
03	과학	화학	과자 봉지, 왜 빵빵할까	16	○
04	사회	생활	언제까지 먹을 수 있나요	20	○
05	과학	보건	우울증 극복 방안	24	○
06	사회	사회·문화	풍요를 부르는 품종 개량	28	○
07	과학	생물	단맛, 쓴맛의 비밀	32	○
08	사회	경제	쇼핑, 어디까지 진화할까	36	○
09	사회	사회·문화	미래에 기대되는 직업	40	○
10	예체능	미술	세계 건축물 탐방	44	○
11	사회	역사	농사와 관련된 명절	48	○
12	과학	기술	웨어러블 디바이스	52	○
13	사회	경제	아름다운 거래, 공정 무역	56	○
14	사회	사회·문화	한류가 힘이다	60	○
15	사회	역사	암호를 풀어라	64	○
16	과학	기술	의공학, 어디까지 발전할까	68	○
17	과학	화학	향신료의 특징과 효능	72	○
18	사회	사회·문화	다른 게 틀린 건 아니야	76	○
19	사회	환경	생태 발자국 줄이기	80	○
20	사회	사회·문화	혈액 보유량 부족, 어떻게 해결할까	84	○
	실력 확인			88	○

우리도 하루 4쪽 공부 습관!
스스로 공부하는 힘을
키워 볼까요?

큰 습관이
지금은 그 친구를 이끌고 있어요.
매일매일의 좋은 습관은 우리를 좋은
곳으로 이끌어 줄 거예요.

한 친구가
작은 습관을 만들었어요.

매일매일의 시간이 흘러
작은 습관은 큰 습관이 되었어요.

목걸이 하나로 뒤바뀐 인생

① 마틸드는 아름답고 매력적인 용모를 갖추었으나 운명의 잘못으로 가난한 하급 관리의 가정에서 태어났다. 가지고 있는 돈도 없고 유산을 물려받을 데도 없으며, 그렇다고 돈 많은 남자를 만나 결혼할 연줄도 없었다. 그래서 마틸드는 교육부에 근무하는 한 하급 관리가 청혼하는 대로 결혼하고 말았다. 그렇게 루아젤 씨의 아내가 된 마틸드는 초라한 집, 얼룩진 벽, 부서져 가는 의자, 빨랫줄에 널린 누더기 같은 옷을 볼 때마다 마음이 괴로웠다.

② 어느 날 저녁, 남편 루아젤이 교육부 장관 저택에서 개최하는 파티에 초대받았다며 루아젤 부인에게 함께 가자고 했다. 그러자 루아젤 부인은 화를 내며 말했다.

"도대체 무슨 옷을 입고 가라는 거예요? 그런 곳엘 말이에요."

그 말을 들은 남편은 어려운 형편이었지만 무도회에서 아내가 입을 옷을 사 주었다. 무도회 날이 가까워졌다. 루아젤 부인은 걱정과 근심에 싸여 있었다.

"몸에 걸칠 장신구가 한 개도 없어요. 차라리 그 파티에는 가지 않는 게 좋겠어요."

"아, 당신 친구 포레스티에 부인에게 장신구를 빌려 달라고 부탁해 보시오."

③ 다음 날, 루아젤 부인은 친구를 찾아가 자신의 딱한 사정을 이야기했다. 포레스티에 부인은 보석 상자를 들고 와 루아젤 부인에게 원하는 것을 고르게 했다. 까만 비단 상자 속에는 눈부신 다이아몬드 목걸이가 있었다. 그것을 쥔 루아젤 부인의 손이 떨려 왔다.

"이걸 빌려줘. 다른 것들은 필요 없어."

무도회 날 저녁, 루아젤 부인은 어느 여자보다도 우아하고 맵시가 있었으며 미소를 띤 채 기쁨에 도취되어 있었다. 파티가 끝나고 집으로 돌아온 루아젤 부인은 거울을 보다가 비명을 질렀다. 포레스티에 부인에게 빌린 목걸이가 없어진 것이었다.

④ 루아젤 부부는 결국 목걸이를 찾지 못했다. 부부는 어느 보석상에서 그들이 찾던 것과 똑같아 보이는 3만 6천 프랑짜리 다이아몬드 목걸이를 발견했다. 그들에게는 재산이 1만 8천 프랑밖에 없었기 때문에 부족한 돈은 여기저기에서 닥치는 대로 빌렸다. 루아젤 부인은 겨우 돈을 마련하여 목걸이를 사서 포레스티에 부인에게 돌려주었다.

루아젤 부인은 곧 하루하루 끼니를 걱정해야 하는 가난한 생활이 얼마나 괴로운 것인가를 깨달았다. 하류 계급의 아낙네들과 다름없는 차림을 하고, 집도 싸구려 다락방으로 세를 얻어 이사했다. 기름기가 묻은 그릇과 냄비를 닦느라 루아젤 부인의 장밋빛 손톱이 다 닳았다.

5 이런 생활을 십 년이나 하고 나서야 루아젤 부부는 모든 빚을 갚을 수 있었다. 루아젤 부인은 매우 늙어 보였고, 억세고 우락부락하고 가난에 찌든 아낙네가 되었다.

그러던 어느 날, 루아젤 부인은 우연히 포레스티에 부인을 만났다. 포레스티에 부인은 변해 버린 루아젤 부인을 알아보지 못했다. 루아젤 부인은 포레스티에 부인에게 다가가 그동안의 일을 말했다. 그때 돌려준 목걸이는 모양이 같은 다른 목걸이였다는 것, 그걸 사기 위해 빌린 돈을 갚기까지 십 년이 걸렸다는 것 등을 이야기하며 자랑스러운 듯 순진한 웃음을 지어 보였다. 포레스티에 부인은 숨이 턱 막혀 친구의 두 손을 꼭 쥐었다.

"어떡하면 좋아! 사실 내 목걸이는 가짜였어. 기껏해야 5백 프랑밖에 나가지 않는……."

◆ **연줄**: 인연이 닿는 길
◆ **도취되어**: 어떠한 것에 마음이 쏠려 취하다시피 되어

❯❯ 글 내용 한눈에 보기 ●●●

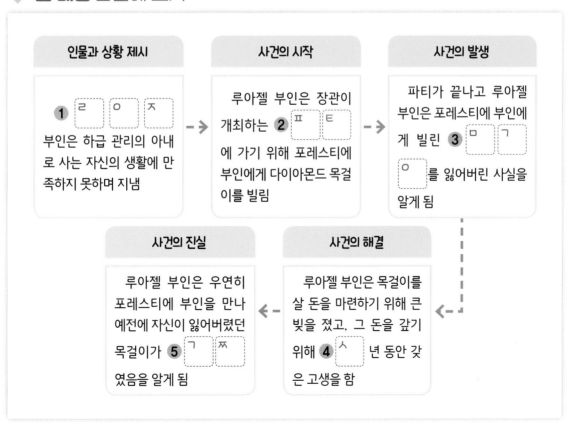

인물과 상황 제시

1 ㄹ ㅇ ㅈ 부인은 하급 관리의 아내로 사는 자신의 생활에 만족하지 못하며 지냄

사건의 시작

루아젤 부인은 장관이 개최하는 2 ㅍ ㅌ 에 가기 위해 포레스티에 부인에게 다이아몬드 목걸이를 빌림

사건의 발생

파티가 끝나고 루아젤 부인은 포레스티에 부인에게 빌린 3 ㅁ ㄱ ㅇ 를 잃어버린 사실을 알게 됨

사건의 진실

루아젤 부인은 우연히 포레스티에 부인을 만나 예전에 자신이 잃어버렸던 목걸이가 5 ㄱ ㅉ 였음을 알게 됨

사건의 해결

루아젤 부인은 목걸이를 살 돈을 마련하기 위해 큰 빚을 졌고, 그 돈을 갚기 위해 4 ㅅ 년 동안 갖은 고생을 함

내용 추론

01 루아젤 부인에 대한 설명으로 알맞지 <u>않은</u> 것은 무엇일까요? [✎   ]

① 외모가 매우 아름답고 매력적이다.
② 자신이 처한 현실에 만족하지 못한다.
③ 자존심이 강하고 자신을 과시하고 싶어 한다.
④ 하급 관리의 가정에서 태어나 형편이 넉넉하지 않다.
⑤ 자신의 허영심을 채워 줄 돈 많은 남자를 만나 결혼한다.

내용 추론

02 다음 사건이 루아젤 부인에게 끼친 영향으로 볼 수 <u>없는</u> 것은 무엇일까요?

[✎   ]

> 포레스티에 부인에게 빌린 목걸이를 잃어버린 일

① 싸구려 다락방으로 이사를 하게 되었다.
② 남편 루아젤과 이혼하고 혼자 살게 되었다.
③ 하루하루 끼니를 걱정해야 할 만큼 가난해졌다.
④ 빚을 갚느라 고생을 많이 하여 폭삭 늙어 버렸다.
⑤ 친구에게 목걸이를 돌려주기 위해 큰 빚을 내야 했다.

내용 비판

03 이 글을 읽고 깨달은 점으로 알맞은 것은 무엇일까요? [✎   ]

① 친구에게 거짓말을 하면 안 돼.
② 어리석은 욕망은 비극을 불러올 수 있어.
③ 수많은 가짜 속에서 진짜를 찾는 능력을 키워야 해.
④ 힘들게 고생하며 사는 것이 참된 삶이라고 할 수 있어.
⑤ 친구의 물건이 더 좋아 보여도 그것을 바꿔치기해서는 안 돼.

중심 내용 쓰기

04 이 글의 중심 내용을 한 문장으로 완성해 보세요.

> 루아젤 부인은 친구에게 빌린 다이아몬드 목걸이를 잃어버린 후, 목걸이를 돌려주기
> 위해 큰 빚을 져서 십 년 동안 갖은 고생을 했지만 사실 ✎_____.

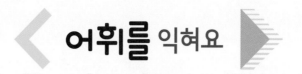

01 다음 낱말의 뜻을 찾아 바르게 연결해 보세요.

1 세 •　　　• ㄱ 인연이 닿는 길

2 연줄 •　　　• ㄴ 몸치장을 하는 데 쓰는 물건

3 장신구 •　　　• ㄷ 일정한 돈을 내기로 하고 남의 물건이나 건물 따위를 빌려 쓰는 일

02 제시된 뜻과 예문을 참고하여 다음 초성에 해당하는 낱말을 빈칸에 쓰세요.

1 ㅇ ㅁ : 사람의 얼굴 모양

예 수찬이는 키가 훤칠하고 (　　　　)가 빼어나다.

2 ㄱ ㄲ ㅎ ㅇ : 아무리 높거나 많게 잡아도

예 이 사탕을 모두 팔아도 (　　　　) 오천 원도 안 된다.

3 ㄷ ㅊ 되다 : 어떠한 것에 마음이 쏠려 취하다시피 되다.

예 형은 신나는 음악에 한껏 (　　　　)되어 있었다.

03 다음 문장의 괄호 안에 들어갈 알맞은 낱말을 골라 보세요.

1 언니는 단정하고 [말씨 / 맵시] 있는 옷차림을 하고 면접을 보러 갔다.

2 그 아저씨가 겉모습은 [우락부락 / 울긋불긋]해도 마음 하나는 참 고운 사람이야.

미생물이 만드는 음식

1 된장, 우유, 요구르트, 치즈, 빵의 공통점은 무엇일까? 바로 미생물에 의한 발효 작용을 거쳐 만든 음식이라는 것이다. 발효는 세균, 효모, 곰팡이 같은 미생물이 탄수화물, 단백질 등의 유기물을 분해하는 과정을 말한다. 발효가 일어나면 식품의 영양가가 높아지고 식품을 저장할 수 있는 기간이 늘어난다. 그렇기 때문에 우리가 먹는 음식 중에는 발효 과정을 거쳐 만든 음식이 많다. 발효에 관여하는 미생물인 세균, 효모, 곰팡이의 종류도 매우 다양해서 저마다 독특한 맛과 특성을 지닌 여러 가지 발효 음식이 존재한다.

2 우리나라에서는 메주를 쑤어서 이 메주로 간장과 된장을 만들어 먹는다. 메주는 메주 콩을 삶아 찧은 다음 덩어리를 만든 것인데, 이것을 따뜻하고 바람이 잘 통하는 곳에 매달아 둔다. 그러면 메주 겉에 피는 곰팡이를 비롯하여 메주 속의 여러 세균 및 효모가 메주의 콩 단백질을 분해한다. 이렇게 발효된 메주를 소금물에 우려내어 국물만 달이면 간장이 된다. 메주가 소금물에서 발효될 때 젖산균의 일종인 바실루스균이 콩의 단백질을 분해하여 간장에 영양분과 감칠맛을 더한다. 간장을 만들고 남은 메주를 잘게 으깨어 소금을 섞은 후 한 달 이상 숙성시키면 된장이 된다.

3 새콤한 요구르트와 고소한 치즈도 젖산균이라는 미생물로 우유를 발효하여 만든 음식이다. 우유에 젖산균을 넣으면 젖산균이 당분을 분해해서 많은 양의 젖산을 만들어 낸다. 이렇게 발효한 음식이 바로 요구르트이다. 젖산균이 만들어 내는 젖산은 음식의 맛을 좋아지게 할 뿐만 아니라 우리 몸의 소화와 배설을 돕는다. 치즈 역시 우유를 발효한 음식인데, 젖산균으로 발효된 우유에 레닛이라는 효소를 넣어 굳게 하면 쫀득한 치즈가 된다.

4 많은 사람이 좋아하는 빵 역시 효모를 이용하여 발효한 음식이다. 빵 효모는 밀가루 반죽에 있는 당분을 분해하여 이산화 탄소와 알코올, 열을 만들어 낸다. 이런 발효 과정에서 이산화 탄소가 밀가루 안에 갇히면 빵 반죽이 부풀고, 빵의 풍미가 좋아진다. 효모는 종류에 따라 빵을 발효하는 데 사용하는 효모도 있고, 술을 발효하는 데 사용하는 효모도 있다. 이처럼 효모의 쓰임이 달라지는 것은 효모의 종류마다 그 성질이 다르기 때문이다.

5 발효는 미생물이 탄수화물이나 단백질 같은 유기물에 작용하여 유기물의 성질을 바꾸어 놓는다는 점에서 부패와 비슷하다. 하지만 발효는 사람에게 이로운 물질을 만들고, 부패는 사람에게 해로운 물질을 만든다는 점에서 큰 차이가 있다. 예를 들어 우유는 발효되면

요구르트가 되지만, 부패되면 상해서 먹을 수 없다. 음식물은 발효되면서 원래 없던 영양분이나 좋은 물질이 만들어져 맛과 향이 좋아지고 영양가도 풍부해진다. 또한 발효 음식은 소화도 잘되기 때문에 우리나라뿐만 아니라 세계 여러 나라에서 꾸준히 사랑받고 있다.

◆ **미생물**: 눈으로는 볼 수 없는 아주 작은 생물
◆ **숙성시키면**: 효소나 미생물의 작용에 의하여 발효된 것을 잘 익히면

❱❱ 글 내용 한눈에 보기 ●●●

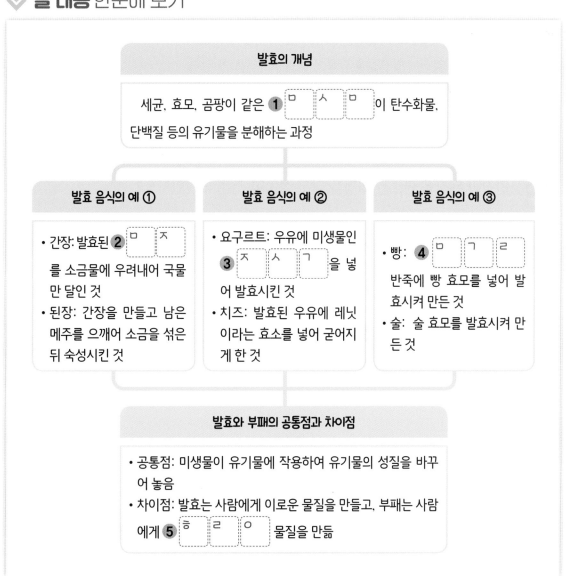

발효의 개념

세균, 효모, 곰팡이 같은 ❶ ⬚ㅁ ⬚ㅅ ⬚ㅁ 이 탄수화물, 단백질 등의 유기물을 분해하는 과정

발효 음식의 예 ①

• 간장: 발효된 ❷ ⬚ㅁ ⬚ㅈ 를 소금물에 우려내어 국물만 달인 것
• 된장: 간장을 만들고 남은 메주를 으깨어 소금을 섞은 뒤 숙성시킨 것

발효 음식의 예 ②

• 요구르트: 우유에 미생물인 ❸ ⬚ㅈ ⬚ㅅ ⬚ㄱ 을 넣어 발효시킨 것
• 치즈: 발효된 우유에 레닛이라는 효소를 넣어 굳어지게 한 것

발효 음식의 예 ③

• 빵: ❹ ⬚ㅁ ⬚ㄱ ⬚ㄹ 반죽에 빵 효모를 넣어 발효시켜 만든 것
• 술: 술 효모를 발효시켜 만든 것

발효와 부패의 공통점과 차이점

• 공통점: 미생물이 유기물에 작용하여 유기물의 성질을 바꾸어 놓음
• 차이점: 발효는 사람에게 이로운 물질을 만들고, 부패는 사람에게 ❺ ⬚ㅎ ⬚ㄹ ⬚ㅇ 물질을 만듦

내용 이해
01 발효의 좋은 점으로 알맞지 <u>않은</u> 것은 무엇인가요? [✎]

① 음식의 저장 기간을 늘려 준다.
② 음식의 가격을 비싸게 해 준다.
③ 음식이 잘 소화될 수 있게 한다.
④ 음식의 맛과 향이 좋아지게 한다.
⑤ 음식의 영양가가 풍부해지게 한다.

내용 추론
02 발효 음식에 대한 설명으로 알맞은 것은 무엇일까요? [✎]

① 빵을 만드는 효모로 술을 만들 수 있다.
② 우유를 끓이면 우유가 굳어지면서 치즈가 된다.
③ 빵 효모는 밀가루 반죽에 있는 이산화 탄소를 먹는다.
④ 우유 속 젖산이 젖산균을 만들어 내면 요구르트가 된다.
⑤ 요구르트와 치즈는 둘 다 우유를 발효하여 만든 음식이다.

내용 이해
03 간장과 된장을 만드는 과정을 <u>잘못</u> 설명한 것은 무엇인가요? [✎]

ㄱ 메주콩을 삶아 찧은 후 덩어리로 만든다. ➡ ㄴ 메주는 서늘하고 바람이 통하지 않는 곳에 매달아 둔다. ➡ ㄷ 발효된 메주를 소금물에 우려내어 국물만 달여서 간장을 만든다. ➡ ㄹ 간장을 만들고 남은 메주를 으깨어 소금을 섞는다. ➡ ㅁ 으깬 메주를 한 달 이상 숙성시켜 된장을 만든다.

중심 내용 쓰기
04 이 글의 중심 내용을 한 문장으로 완성해 보세요.

> 발효는 ✎ _____ 과정으로 미생물의 종류에 따라 다양한
> 발효 음식이 존재하며, 발효 음식은 우리 몸에 좋은 여러 장점을 지니고 있다.

정답과 해설 9쪽

01 제시된 뜻과 예문을 참고하여 다음 초성에 해당하는 낱말을 빈칸에 쓰세요.

1 ㅍ ㅁ : 음식의 훌륭한 맛

예 숯불에 고기를 구워 내니 (   )가 한층 좋아졌다.

2 ㅁ ㅅ ㅁ : 눈으로는 볼 수 없는 아주 작은 생물

예 이 (   )은 우리 몸에 해로운 오염 물질을 분해한다.

3 ㅅ ㅅ 시키다: 효소나 미생물의 작용에 의하여 발효된 것을 잘 익히다.

예 김치를 적절한 기간 동안 (   )시키면 감칠맛이 난다.

02 다음 문장의 괄호 안에 들어갈 알맞은 낱말을 골라 보세요.

1 우리 이제 [배설 / 소화]도 시킬 겸 밖에 나가서 동네 한 바퀴 돌고 오자.

2 아버지는 건강에 신경을 많이 쓰셔서 몸에 [이로운 / 해로운] 음식만 골라 드신다.

3 한여름에는 음식의 [발효 / 부패] 속도가 빠르니 되도록이면 요리한 즉시 먹어야 한다.

03 다음 문장에 들어갈 알맞은 낱말을 보기에서 찾아 쓰세요.

보기

발효   소화   관여하다   분해하다   작용하다

1 간은 몸 안으로 들어오는 독성 물질을 ☐ ☐ 한다.

2 이 일에 너무 많은 사람들이 ☐ ☐ 하다 보니 진행이 늦어지고 있다.

3 똑같은 포도로 ☐ ☐ 를 시키더라도 미생물의 종류에 따라 술이 되기도 하고 식초가

되기도 한다.

과자 봉지, 왜 빵빵할까

① 지구를 둘러싸고 있는 공기의 대부분은 질소이다. 질소는 상온에서는 무미, 무색, 무취의 기체 상태로 존재하며 인체에도 무해하다. 질소는 쉽게 구할 수 있고, 인체에 해롭지 않기 때문에 식품을 포장하거나 냉동, 건조할 때의 재료, 폭탄이나 로켓 연료의 재료, 비료의 재료 등으로 광범위하게 쓰인다.

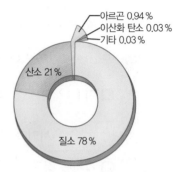

▲ 공기의 구성 성분

② 일상생활에서 우리가 자주 접하는 물건 중에 질소를 사용하는 것은 과자 봉지이다. 보통 유탕 처리 과자, 즉 튀김과자를 포장할 때에는 질소를 넣는다. 그 까닭은 무엇일까? 첫째, 충격을 완화하기 위해서이다. 튀김과자는 쉽게 부서지기 때문에 충격을 덜 받게 제품을 포장해야 한다. 이때 필요한 것이 질소이다. 과자는 최종 소비자의 손에 들어갈 때까지 여러 유통 과정을 거치기 때문에 외부로부터의 충격을 완화할 질소 충전이 꼭 필요하다. 실제로 질소를 넣은 과자 봉지 속에 들어 있는 과자가 그렇지 않은 과자보다 훨씬 덜 부서지는 것을 확인할 수 있다.

③ 둘째, 제품의 변질을 막기 위해서이다. 질소는 음식물이 산소와 접촉하는 것을 막아서 신선도를 유지해 준다. 과자가 공기 중의 산소와 만나면 수분 때문에 눅눅해지고 색과 향, 맛이 변질된다. 제품의 변질을 막는 방법으로는 진공 포장도 있다. 하지만 이 방법은 내부의 공기를 모두 제거하는 것이라서 이렇게 포장하면 과자가 산산조각이 나므로 적합하지 않다. 따라서 구하기가 쉽고, 비용 부담도 적으며, 식품의 색이나 맛에 영향을 미치지 않는 질소를 사용하여 포장하는 것이다.

4 앞에서 살펴본 것처럼 질소는 매우 효과적인 포장 재료임에 틀림없다. 하지만 요즘 튀김과자는 내용물에 비해 질소 포장으로 부피만 늘리는 경우가 많다. 이러한 과잉 포장은 ㄱ소비자에게 내용물의 양을 속인다는 점에서 문제가 된다. 또 다른 문제도 야기한다. 포장이 커지는 만큼 ㄴ포장 재료를 낭비하고, 부피가 커지는 만큼 이를 ㄷ운송하는 비용도 늘어난다. 게다가 과자 봉지를 버리면 ㄹ쓰레기도 늘어나는데, 과자 봉지는 잘 썩지 않는데다 이를 태우면 유해한 물질이 나오므로 결국 ㅁ환경을 오염한다. 튀김과자를 포장할 때 질소를 사용하지 않을 수는 없다. 그렇다고 마구잡이로 질소를 넣어서는 안 될 것이다. 내용물을 보호할 수 있을 만큼만 질소를 넣어 적정 포장을 해야 한다.

◆ **상온**: 가열하거나 냉각하지 않은 자연 그대로의 기온. 보통 15℃를 가리킴
◆ **완화하기**: 긴장된 상태나 급박한 것을 느슨하게 하기
◆ **야기한다**: 일이나 사건 따위를 끌어 일으킨다.

글 내용 한눈에 보기 ●●●

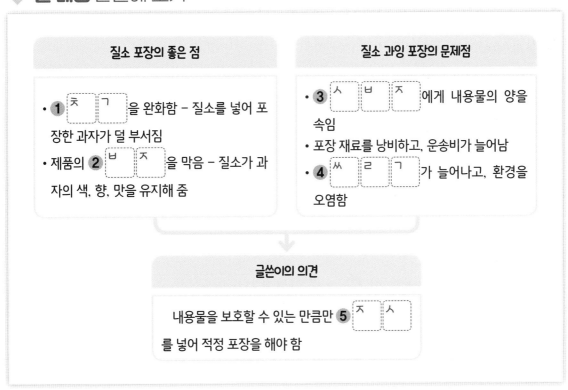

질소 포장의 좋은 점

• **1** ㅊㄱ 을 완화함 – 질소를 넣어 포장한 과자가 덜 부서짐
• 제품의 **2** ㅂㅈ 을 막음 – 질소가 과자의 색, 향, 맛을 유지해 줌

질소 과잉 포장의 문제점

• **3** ㅅㅂㅈ 에게 내용물의 양을 속임
• 포장 재료를 낭비하고, 운송비가 늘어남
• **4** ㅆㄹㄱ 가 늘어나고, 환경을 오염함

글쓴이의 의견

내용물을 보호할 수 있는 만큼만 **5** ㅈㅅ 를 넣어 적정 포장을 해야 함

내용 이해

01 이 글의 내용으로 알맞지 <u>않은</u> 것은 무엇인가요?　[✎　　]

① 질소는 구하기가 쉽고 가격이 싸다.
② 질소는 인체에 해롭지 않은 기체이다.
③ 튀김과자는 제품이 충격을 덜 받도록 포장한다.
④ 튀김과자를 포장할 때 질소를 넣으면 맛과 색의 변질을 막을 수 있다.
⑤ 과자를 진공 포장을 하지 않는 이유는 포장 가격이 너무 비싸기 때문이다.

내용 비판

02 ㄱ~ㅁ 중, 다음 신문 기사와 가장 관련이 깊은 내용은 무엇일까요?　[✎　　]

> **과자 포장, 이대로 괜찮은가?**
>
> 일부 기업에서 제품을 포장하는 데에 질소를 지나치게 많이 주입한 사실이 드러났다. 과자의 양을 줄이고 포장은 그대로 하여 결국 기업의 수익을 올린 셈이다. 시민 단체들은 '질소를 샀더니 과자가 따라왔다.'라며 이를 비판하고 있다.

① ㄱ
② ㄴ
③ ㄷ
④ ㄹ
⑤ ㅁ

내용 추론

03 이 글에서 글쓴이가 말하고자 하는 것은 무엇일까요?　[✎　　]

① 과자를 많이 먹지 말자.
② 공기를 구성하는 질소의 특성을 이해하자.
③ 제품을 포장할 때 적당량의 질소를 주입하자.
④ 제품을 포장할 때에는 질소가 아닌 다른 기체를 넣자.
⑤ 과자는 포장을 뜯으면 금방 변질되므로 바로 먹는 것이 좋다.

중심 내용 쓰기

04 이 글의 중심 내용을 한 문장으로 완성해 보세요.

> 질소를 사용한 과자 포장은 ✎_____는
> 장점이 있지만, 과잉으로 포장하면 여러 문제점이 발생하므로 적정 포장을 해야 한다.

01 다음 낱말의 뜻을 찾아 바르게 연결해 보세요.

1 변질 •   • ㄱ 알맞고 바른 정도

2 상온 •   • ㄴ 성질이 달라지거나 물질의 질이 변함

3 적정 •   • ㄷ 가열하거나 냉각하지 않은 자연 그대로의 기온

02 다음 낱말에 대한 설명이 맞으면 ◯, 틀리면 ✕ 표시를 하세요.

1 '완화하다'는 느슨한 것을 긴장된 상태로 만든다는 의미이다. [◯ / ✕]

2 일이나 사건 따위를 끌어 일으키는 것을 '야기하다'라고 한다. [◯ / ✕]

3 '과잉'은 필요한 양이나 기준에 미치지 못해 충분하지 않은 상태를 의미한다. [◯ / ✕]

03 다음 문장에 들어갈 알맞은 낱말을 보기 에서 찾아 쓰세요.

보기

건조하다   낭비하다   무해하다   운송하다   접촉하다

1 이 나물은 햇볕에 천천히 ☐☐한 것이라 맛과 향이 좋다.

2 항공기를 이용하여 사람뿐 아니라 화물도 ☐☐할 수 있다.

3 이 약은 안전한 성분으로 만들어져 임신부와 어린이들에게 ☐☐하다.

언제까지 먹을 수 있나요

1 식품을 구매할 때 우리가 반드시 확인하는 것이 있다. 바로 유통 기한이다. 구매하려는 식품의 유통 기한이 지나면 보통 내용물이 상했거나 상했을 확률이 높다고 생각하는 경우가 많다. 하지만 전문가들은 보관 방법만 잘 지키면 유통 기한이 조금 지났더라도 먹을 수 있다고 한다. '유통 기한=섭취 기한'이 아니라는 뜻이다. 그렇다면 식품을 먹을 수 있는 기한을 확인하는 방법에는 무엇이 있을까?

2 식품의 품질과 관련한 기한에는 유통 기한, 소비 기한, 품질 유지 기한이 있다. 유통 기한은 식품을 판매할 수 있는 최종 기한을 말한다. 대형 마트의 경우, 진열대에 있는 우유는 유통 기한이 찍힌 날짜까지만 판매할 수 있다. 현재는 식품의 유통 기한을 표시하는 것이 자율화되었으나 대부분의 식품은 유통 기한을 표시하고 있다. 단, 미생물이 번식할 수 없는 설탕, 아이스크림류, 빙과류, 식용 얼음, 껌류 등은 유통 기한을 표시하지 않아도 된다.

3 소비 기한은 식품을 섭취해도 건강이나 안전에 이상이 없을 것으로 인정되는 소비의 최종 기한을 말한다. 그래서 유통 기한보다 그 기한이 긴 경우가 많다. 예를 들어 식품 의약품 안전처가 공개한 자료에 따르면 개봉하지 않은 식빵의 유통 기한은 제조일로부터 3일이지만 소비 기한은 그 유통 기한으로부터 18일이 더해진다. 물론 올바른 방법으로 식품을 보관했을 경우에 소비 기한을 더하여 섭취할 수 있다. 이 밖에도 요구르트는 10일, 계란은 25일, 우유는 45일, 치즈는 70일, 냉동 만두는 1년, 식용유는 5년이 소비 기한이다.

4 마지막으로 품질 유지 기한은 식품의 특성에 맞게 적절히 보관했을 때 해당 식품의 고유한 품질이 유지될 수 있는 기한을 말한다. 우리나라의 경우 장기간 유통해도 부패나 변질의 우려가 적은 통조림, 잼류, 멸균 음료류, 장류와 같은 품목에 대해서 품질 유지 기한을 설정하고 있다. 이 제품들에는 유통 기한을 표시하지 않고 품질 유지 기한만 표시해도 된다. 또한 오랫동안 고유의 품질이 유지되기 때문에 올바르게 보관만 하였다면 품질 유지 기한이 지났더라도 먹을 수 있다.

5 식품의 품질과 관련한 표시 제도는 세계적으로 점차 다양해지고 있다. 유통 기한만 표시했을 경우 기한이 지났다고 버려지는 식품이 너무 많아 자원이 낭비되고 있기 때문이다. 우리나라도 유통 기한이 지났다는 이유로 한 해 동안 1조 원 이상의 식품이 버려지고 있다. 물론 유통 기한이 지나지 않았다고 해서 무조건 안심하고 오래 먹을 수 있는 것은 아니다.

잘못된 방법으로 식품을 보관했을 경우 품질 관련 표시 기한과 상관없이 제품이 변질될 수 있기 때문이다. 만약 냉장고에서 유통 기한이 지난 식품을 찾았다면 버리기 전에 소비 기한과 품질 유지 기한을 확인하자. 아직 소비 기한과 품질 유지 기한이 지나지 않았다면 내용물이 상했는지 아닌지를 파악하여 상하지 않은 식품은 맛있게 먹는 것은 어떨까?

◆ **자율화되었으나:** 어떤 일이 구속되지 아니하고 자기 스스로의 원칙에 따라 행하게 되었으나
◆ **번식할:** 붙고 늘어서 많이 퍼질
◆ **멸균:** 세균 따위의 미생물을 죽임

≫ 글 **내용** 한눈에 보기 •••

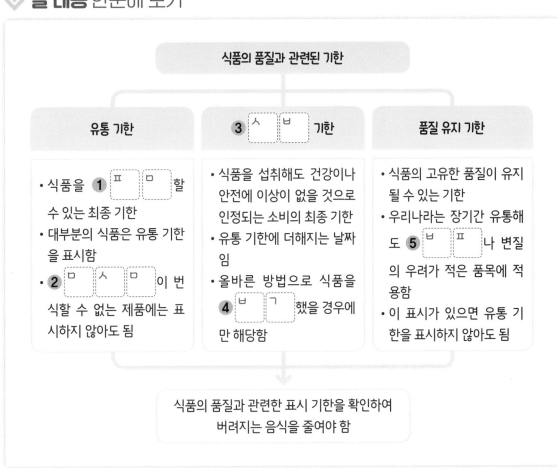

식품의 품질과 관련된 기한

유통 기한
- 식품을 ❶ ⌐ㅍ⌐ㅁ⌐ 할 수 있는 최종 기한
- 대부분의 식품은 유통 기한을 표시함
- ❷ ⌐ㅁ⌐ㅅ⌐ㅁ⌐ 이 번식할 수 없는 제품에는 표시하지 않아도 됨

❸ ⌐ㅅ⌐ㅂ⌐ **기한**
- 식품을 섭취해도 건강이나 안전에 이상이 없을 것으로 인정되는 소비의 최종 기한
- 유통 기한에 더해지는 날짜임
- 올바른 방법으로 식품을 ❹ ⌐ㅂ⌐ㄱ⌐ 했을 경우에만 해당함

품질 유지 기한
- 식품의 고유한 품질이 유지될 수 있는 기한
- 우리나라는 장기간 유통해도 ❺ ⌐ㅂ⌐ㅍ⌐ 나 변질의 우려가 적은 품목에 적용함
- 이 표시가 있으면 유통 기한을 표시하지 않아도 됨

식품의 품질과 관련한 표시 기한을 확인하여 버려지는 음식을 줄여야 함

내용 이해

01 이 글에서 다룬 내용이 <u>아닌</u> 것은 무엇인가요? [✎   ]

① 품질 관련 표기가 다양해진 이유
② 다양한 식품의 구체적인 소비 기한
③ 소비 기한을 받아들일 때 주의할 점
④ 유통 기한의 필요성에 대한 전문가의 견해
⑤ 우리나라에서 유통 기한이 지나 버려지는 식품의 규모

내용 추론

02 ㄱ~ㄷ 중에서 식품의 소비 기한을 <u>잘못</u> 파악한 것의 기호를 쓰세요. [✎   ]

ㄱ

ㄴ

ㄷ

냉동 만두는 유통 기한에서 3년이 지났더라도 냉동실에 보관해 두었다면 먹을 수 있다.

우유는 유통 기한에서 5일이 지났더라도 뜯지 않고 냉장실에 보관해 두었다면 먹을 수 있다.

식용유는 소비 기한이 비교적 긴 편이므로 유통 기한에서 1~2년 지나도 먹을 수 있다.

내용 비판

03 이 글을 읽은 후의 반응으로 알맞지 <u>않은</u> 것은 무엇일까요? [✎   ]

① 식품을 구입할 때에는 품질 관련 기한을 확인해야겠어.
② 식품의 소비 기한을 알아 두면 음식물을 덜 버리게 될 거야.
③ 유통 기한이 지나지 않은 음식은 언제나 신선한 상태를 유지하는구나.
④ 식품의 특성을 확인해서 특성에 맞게 적절하게 보관해 두었다가 먹어야겠어.
⑤ 식품마다 품질 표시 방법이 다르니까 그 내용이 무엇인지 정확하게 알아 두어야겠어.

중심 내용 쓰기

04 이 글의 중심 내용을 한 문장으로 완성해 보세요.

식품의 품질과 관련한 기한에는 ✎ _____ 이
있는데, 식품을 구매하거나 섭취하기 전에는 이 기한들을 꼭 확인할 필요가 있다.

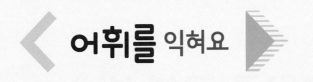

01 다음 낱말에 대한 설명이 맞으면 ○, 틀리면 ✕ 표시를 하세요.

❶ 세균 따위의 미생물을 죽이는 것을 '멸균'이라고 한다. [○ / ✕]

❷ '고유하다'는 본래부터 가지고 있어 특유하다는 의미이다. [○ / ✕]

❸ '자율화되다'는 어떤 일이 자기 스스로의 원칙보다는 남에 의해 구속되는 것을 뜻한다.

[○ / ✕]

02 제시된 뜻과 예문을 참고하여 다음 초성에 해당하는 낱말을 빈칸에 쓰세요.

❶ ㄱ ㅁ 하다: 물건 따위를 사들이다.

예 나는 용돈을 모아 예전부터 사고 싶었던 운동화를 (   )했다.

❷ ㅈ ㅇ ㄷ : 물건이나 상품을 벌여 놓을 수 있도록 만든 대

예 음료수들이 종류별로 (   )에 한 줄씩 놓여 있었다.

❸ ㅅ ㅂ : 욕망을 충족하기 위하여 물건 따위를 써서 없애는 일

예 최근 건강에 대한 사람들의 관심이 높아지면서 채소 (   )가 크게 늘었다.

03 다음 문장에 들어갈 알맞은 낱말을 보기에서 찾아 쓰세요.

> **보기**
>
> 개봉하다   번식하다   유지하다   판매하다   표시하다

❶ 습기가 많은 곳에서는 세균이 [   ]하기 쉽다.

❷ 음식은 냉장고에 보관해야 신선도를 오래 [   ]할 수 있다.

❸ 멸균 두유라도 [   ]한 후에는 빠른 시간 내에 마셔야 한다.

05 우울증 극복 방안

❶ '마음의 감기'라고 불리는 병이 있다. 바로 우울증이다. 감기처럼 흔하게 찾아오는 병이지만 죽음으로 이어질 수 있다는 점에서 우울증은 매우 위험한 병이다. 우울증은 의욕 저하와 다양한 신체적, 정신적 증상을 일으켜 일상 기능의 저하를 가져온다. 우울증을 앓는 사람은 모든 일에 자신감이 없어지고 자신을 가치가 없는 사람이라고 느낀다. 또 별것 아닌 일로 잠을 못 이루거나 현재 잘 풀리지 않는 일에 대해 불안해하고 최악의 경우를 자꾸 떠올린다. 이를 계속 방치하면 극단적인 선택으로까지 이어질 수 있다. 따라서 우울증을 앓는 사람은 이를 극복하기 위해 노력해야 한다. 그렇다면 우울증을 극복하기 위해 생활 속에서 구체적으로 실천할 수 있는 방안에는 무엇이 있을까?

❷ 첫째, 규칙적인 수면과 식사를 해야 한다. 낮에는 외부 빛과 소음에 노출되므로 숙면을 하기가 어렵다. 그리고 낮에 적절한 햇빛을 쐬어야 몸 안에서 심리적 안정에 도움이 되는 호르몬인 세로토닌이 합성된다. 따라서 낮에는 깨서 활동을 하고 잠은 어두운 밤에 자야 한다. 또한 규칙적인 식사는 혈관 건강을 유지해 주고 면역력을 강화해 주기 때문에 뇌혈관과 주변 뇌세포에 우울 반응이 일어나는 것을 예방할 수 있다.

❸ 둘째, 적절한 운동을 해야 한다. 보통 우울증 환자의 뇌는 신경 전달 물질을 조절하는 기능에 문제가 있는데, 운동은 신경 전달 물질의 대사를 향상한다. 운동을 하면 우울증 치유에 도움이 되는 도파민, 세로토닌과 같은 건강한 신경 전달 물질의 분비가 촉진된다. 아울러 운동을 하면 심장 박동이 빨라지면서 뇌로 가는 혈액 공급이 늘기 때문에, 우울증으로 인한 인지 기능 저하나 무기력한 증상을 완화할 수도 있다.

❹ 마지막으로 다른 사람들과의 대화와 소통을 늘려야 한다. 사람은 감정을 타인에게 표현할 때 안정감을 느낀다. 그런데 우울증을 앓으면 타인과의 대화와 소통이 줄면서 정서적 불안감을 느낄 가능성이 높아진다. 혼자만의 우울하고 불안한 감정은 세상을 보는 시각을 왜곡하여 제대로 된 판단을 하기 어렵게 만든다. 그러므로 고민이 있다면 혼자 안고 있지 말고 많은 사람들과 대화를 나누며 풀어 나가려는 태도가 필요하다.

5 우울증을 앓는 사람들 중에는 우울증을 치료하기 위해서 약에 의존하는 경우가 있다. 물론 우울증은 병이므로 약으로도 치료되지만, 약에만 의존해서는 우울증을 근본적으로 극복하기 어렵다. 따라서 앞서 설명한 생활 속 작은 노력들부터 실천해 보는 것이 좋다. 우울증 환자 스스로의 노력이 뒷받침될 때, 약에 의존하지 않고도 우울증을 근본적으로 극복해 낼 수 있을 것이다.

◆ **저하**: 정도, 수준, 능률 따위가 떨어져 낮아짐
◆ **방치하면**: 내버려 두면
◆ **대사**: 생물체가 몸 밖으로부터 섭취한 영양물질을 몸 안에서 분해하고, 합성하여 생체 성분이나 생명 활동에 쓰는 물질이나 에너지를 생성하고 필요하지 않은 물질을 몸 밖으로 내보내는 작용
◆ **근본적**: 본질, 본바탕을 이루거나 본질, 본바탕이 되는 것

≫ 글 내용 한눈에 보기 •••

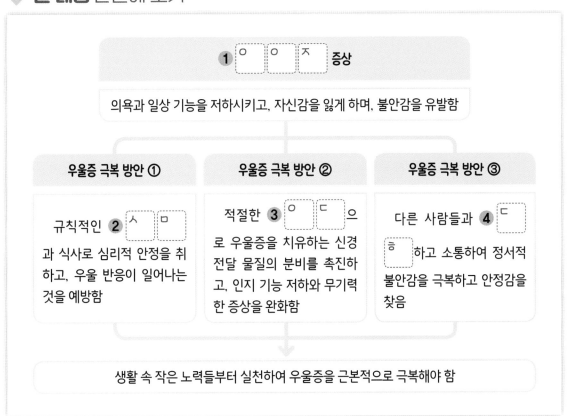

1 ㅇ ㅇ ㅈ **증상**

의욕과 일상 기능을 저하시키고, 자신감을 잃게 하며, 불안감을 유발함

우울증 극복 방안 ①

규칙적인 2 ㅅ ㅁ 과 식사로 심리적 안정을 취하고, 우울 반응이 일어나는 것을 예방함

우울증 극복 방안 ②

적절한 3 ㅇ ㄷ 으로 우울증을 치유하는 신경 전달 물질의 분비를 촉진하고, 인지 기능 저하와 무기력한 증상을 완화함

우울증 극복 방안 ③

다른 사람들과 4 ㄷ ㅎ 하고 소통하여 정서적 불안감을 극복하고 안정감을 찾음

생활 속 작은 노력들부터 실천하여 우울증을 근본적으로 극복해야 함

글을 이해해요

내용 이해
01 이 글의 내용으로 알맞지 <u>않은</u> 것은 무엇인가요? [✎   ]

① 우울증은 '마음의 감기'라고 불린다.
② 우울증은 약을 통해서만 근본적으로 극복할 수 있다.
③ 낮에 햇빛을 적절하게 쬐어야 심리적 안정을 취할 수 있다.
④ 고민이 있을 때에는 많은 사람들과 대화를 나누며 푸는 것이 좋다.
⑤ 우울증을 앓는 사람들은 잘 풀리지 않는 일에 대해 큰 불안감을 느낀다.

내용 이해
02 이 글에서 제안한 우울증 극복 방법으로 알맞은 것을 모두 고르세요(2개).

[✎   ]

① 단 음식의 섭취를 늘린다.
② 규칙적이고 적절한 운동을 한다.
③ 낮에 자고 밤에 적극적으로 활동한다.
④ 혼자 성찰하고 생각하는 시간을 늘린다.
⑤ 다른 사람들과 많이 대화하려고 노력한다.

내용 추론
03 다음 빈칸에 공통으로 들어갈 말을 이 글에서 찾아서 쓰세요.

> • 우울증 환자의 뇌는 ✎_____의 조절 기능에 문제가 있다.
> • 운동은 도파민, 세로토닌과 같은 건강한 ✎_____을 많이 분비
> 하게 하여 우울증 치유에 도움이 된다.

중심 내용 쓰기
04 이 글의 중심 내용을 한 문장으로 완성해 보세요.

> 우울증을 극복하려면 수면과 식사를 규칙적으로 하고, ✎_____
> 하며, 다른 사람들과의 대화와 소통을 늘리려고 노력해야 한다.

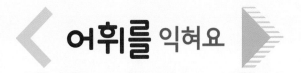
01 다음 낱말의 뜻을 찾아 바르게 연결해 보세요.

1 숙면 •

2 치유 •

3 근본적 •

• ㄱ 치료하여 병을 낫게 함

• ㄴ 잠이 깊이 듦. 또는 그 잠

• ㄷ 본질, 본바탕을 이루거나 본질, 본바탕이 되는 것

02 다음 낱말에 대한 설명이 맞으면 ○, 틀리면 ✕ 표시를 하세요.

1 '저하'는 정도, 수준, 능률 따위가 우수하다는 뜻이다. [○ / ✕]

2 다른 것에 의지하여 존재한다는 의미의 낱말은 '의존하다'이다. [○ / ✕]

3 '대사'는 생물체가 몸 밖으로부터 섭취한 영양물질을 몸 안에서 분해, 합성하여 에너지를 생성하고 남은 물질을 배출하는 작용을 일컫는다. [○ / ✕]

03 다음 문장에 들어갈 알맞은 낱말을 보기 에서 찾아 쓰세요.

보기

극복하다　　　노출되다　　　방치하다　　　왜곡하다　　　촉진되다

1 모두 화합해야 이 어려움을 ☐☐ 할 수 있습니다.

2 너무 오랜 시간 동안 햇볕을 쬐면 피부 노화가 ☐☐ 된다.

3 냄비에 남은 음식을 그대로 ☐☐ 해 두었더니 곰팡이가 폈다.

풍요를 부르는 품종 개량

1 1950년대 이후 세계 인구는 세 배 이상 늘어났고, 인간의 수명도 길어졌다. 그러자 더 많은 식량이 필요해진 사람들은 이를 위해 비료를 개발하고, 농업에 필요한 농기계를 만들고, 농작물을 괴롭히는 해충을 없애는 등 다양한 노력을 해 왔다. 그리고 같은 넓이의 농지라도 더 많은 농작물을 얻을 수 있도록 농작물의 품종을 개량하기 시작하였다.

2 품종 개량은 이미 있는 농작물의 특성을 더 좋게 고쳐서 실용적 가치가 높은 품종을 만들고, 이 품종을 보급하는 것을 의미한다. 1930년대 미국 중서부에서는 농부들이 드넓은 옥수수 밭을 경작하고 있었지만 옥수수의 수확량은 만족할 만한 수준이 아니었다. 그래서 연구자들은 우수한 성질을 가진 옥수수 종자들 가운데 순종 4종을 구한 다음 2종씩 교배하여 잡종을 얻고, 여기서 나온 2가지 잡종을 다시 교배하여 수확량이 많은 잡종 종자를 만들었다. 이 잡종 옥수수 종자가 옥수수 농가에 널리 퍼져 1960년대가 되자 미국의 옥수수 수확량은 두 배 가까이 증가하였다.

3 우리나라에서도 1960년대부터 쌀의 수확량을 늘리기 위해 새로운 벼 품종을 만드는 연구가 시작되었다. 육이오 전쟁 이후 수많은 국민이 굶주리게 되자 정부에서는 수확량을 늘릴 수 있는 새로운 벼 품종을 개발하는 데 힘을 쏟았다. 그 결과 1970년대에 서로 다른 품종의 벼를 교배하여 개발한 통일형 벼가 보급되었다. 통일형 벼 품종의 개발로 83 %(1971년)였던 쌀 자급률이 109 %(1977년)로 증가하였다.

4 이후 우리나라는 우리 식탁에 오르는 다양한 농작물의 품종을 꾸준히 개량해 왔다. 특히 현재 우리가 먹는 딸기는 2000년대 초반까지만 해도 일본에서 건너온 품종이 90 %를 차지하였다. 이것을 개량하여 우리나라에서 새롭게 만든 것이 '설향, 싼타'라는 품종이다. 설향은 기존 품종에 비해서 단맛이 강하고 열매가 많이 맺히며 병충해에 강하다. 싼타는 새콤달콤한 맛이 강하고 크는 속도가 빨라 수확을 빨리할 수 있으며, 과육이 단단해 잘 무르지 않아 저장성이 좋다. 이러한 ㉠<u>품종 개발 연구에 힘입어 예전과 달리 현재는 국산 품종의 딸기가 국내 총 재배 면적의 93 %를 차지하고 있으며</u>, 새로 개발한 국산 품종을 외국으로 수출하고 있다.

5 농작물의 품종을 개량하는 목적은 처음에는 수확량을 늘리기 위해서였다. 그래서 농작물이 병이나 해충에 피해를 입지 않도록 하거나, 가뭄이나 장마 같은 좋지 않은 환경 속

에서도 잘 자랄 수 있게 하거나, 성장 속도가 빨라 수확을 빨리할 수 있는 방향으로 품종 개량이 이루어졌다. 그러다 품종 개량 기술이 점점 더 발전하면서 수확량은 물론 농작물의 영양, 맛, 색, 질감을 더 좋게 만들 수 있게 되었다. 이처럼 농작물의 품종을 개량하여 생산성과 품질이 향상된 결과 생산자인 농민은 더 높은 이익을 얻을 수 있게 되었고, 소비자 또한 자신의 입맛에 맞는 농작물을 먹을 수 있게 되었다.

◆ **실용적**: 실제로 쓰기에 알맞은
◆ **보급하는**: 널리 펴서 많은 사람들에게 골고루 미치게 하여 누리게 하는
◆ **수확량**: 농작물을 거두어들인 양
◆ **교배하여**: 생물의 암수를 인위적으로 수정시켜 다음 세대를 얻어
◆ **자급률**: 필요한 물자를 자체로 공급하는 비율
◆ **저장성**: 오래 보관하여도 상하지 아니하는 성질

≫ **글 내용** 한눈에 보기 ●●●

품종 개량의 의미	농작물의 특성을 더 좋게 고쳐서 **①** ㅅ ㅇ ㅈ 가치가 높은 품종을 만들고, 이 품종을 보급하는 것
품종 개량의 목적	• 농작물의 **②** ㅅ ㅎ ㄹ 을 늘리기 위해서 • 영양, 맛, 색, 질감 등이 우수한 품종을 얻기 위해서
품종 개량 농작물의 예	• 옥수수: 미국에서 옥수수 수확량을 늘리기 위해 우수한 성질의 옥수수 종자를 교배해 잡종 종자를 만들어 보급함 • 벼: 우리나라에서 **③** ㅆ 수확량을 늘리기 위해 통일형 벼 품종을 개발하여 보급함 • 딸기: **④** ㅇ ㅂ 에서 온 딸기 품종을 개량하여 '설향, 싼타' 같은 더 우수한 국산 품종을 만듦

01 품종 개량을 하는 목적으로 보기 <u>어려운</u> 것은 무엇인가요?　[✎　　]

① 농작물의 수확량을 늘리기 위해서
② 영양분이 풍부한 농작물을 얻기 위해서
③ 농작물이 가뭄이나 장마 등을 잘 견디게 하기 위해서
④ 농작물의 고유한 맛을 없애고 새로운 맛을 내기 위해서
⑤ 농작물이 병과 해충 때문에 피해를 입지 않게 하기 위해서

02 이 글을 읽은 후의 반응으로 알맞지 <u>않은</u> 것은 무엇일까요?　[✎　　]

① 농작물의 품종을 개량하면 생산자는 물론 소비자에게도 이익이 돼.
② 우리나라에서는 정부가 나서서 새로운 벼 품종을 개발하는 데 힘썼구나.
③ 설향과 싼타는 일본 품종을 개량하여 우리나라에서 새로 만든 딸기 품종이야.
④ 미국의 옥수수 사례로 보아 품종 개량은 잡종을 순종으로 만드는 기술을 말해.
⑤ 농작물의 품종을 개량하는 것은 식량 부족 문제를 해결하기 위한 방법 중 하나였어.

03 ㉠에서 추측할 수 있는 내용은 무엇일까요?　[✎　　]

① 딸기는 일본 품종과 국산 품종을 구별할 수 없다.
② 우리나라의 기후 환경에서는 딸기를 키우기 어렵다.
③ 우리나라의 딸기는 국내보다 외국에 더 많이 팔린다.
④ 일본 품종의 딸기보다 국산 품종의 딸기가 품질도 좋고 수익도 높다.
⑤ 새로 개발된 국산 품종과 기존 일본 품종의 딸기 맛은 비교하기 어렵다.

중심 내용 쓰기

04 이 글의 중심 내용을 한 문장으로 완성해 보세요.

> 농작물의 특성을 더 좋게 고쳐서 실용적 가치가 높은 품종으로 만드는 품종 개량은
> ✎＿＿＿＿＿＿＿＿＿＿＿＿＿＿, 영양, 맛, 색, 질감 등을 더 좋게 한다.

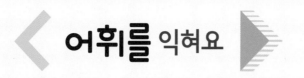
01 다음 낱말의 뜻을 찾아 바르게 연결해 보세요.

1 과육 •　　　• ㄱ 농작물을 거두어들인 양

2 병충해 •　　　• ㄴ 열매에서 씨를 둘러싸고 있는 살

3 수확량 •　　　• ㄷ 농작물이 병과 해충으로 인하여 입은 피해

02 제시된 뜻과 예문을 참고하여 다음 초성에 해당하는 낱말을 빈칸에 쓰세요.

1 [ㅅ][ㅇ][ㅈ] : 실제로 쓰기에 알맞은

　예 이 옷은 입고 벗기가 편한 (　　　　) 디자인으로 되어 있다.

2 [ㅈ][ㄱ][ㄹ] : 필요한 물자를 자체로 공급하는 비율

　예 외국 쌀이 수입되면 우리 쌀의 (　　　　)이 떨어질 것이다.

3 [ㅈ][ㅈ][ㅅ] : 오래 보관하여도 상하지 아니하는 성질

　예 날씨가 더운 지역에서는 (　　　　)이 좋은 식품이 잘 팔린다.

03 다음 문장의 괄호 안에 들어갈 알맞은 낱말을 골라 보세요.

1 우리 고장에서는 농민들에게 좋은 종자를 싼값으로 [발급 / 보급]하고 있다.

2 농업계에서는 생산량을 늘리기 위해 기존 농작물의 품종 [감량 / 개량]에 힘쓰고 있다.

3 그 식물학자는 두 개의 종을 [교배 / 분배]하여 더 나은 종을 만드는 연구를 하고 있다.

07 단맛, 쓴맛의 비밀

1 사람들은 일반적으로 단맛을 좋아하고 쓴맛을 싫어한다. 특히 아이들은 쓴 약을 먹기 싫어하기 때문에 아이들 약에는 주로 단맛이 나는 시럽이 쓰인다. 어른들 역시 쓴맛이 강한 차나 커피에 꿀이나 설탕, 시럽 등을 넣어 달게 마시곤 한다. 그렇다면 사람들은 왜 단맛을 좋아하고 쓴맛을 싫어하게 된 것일까?

2 학자들은 우리 몸이 단맛을 좋아하도록 설계되어 있기 때문이라고 말한다. 우리가 음식을 먹으면 위와 장에서 이를 소화하고 그 과정에서 영양분을 흡수한다. 이때 단맛을 느끼게 하는 탄수화물은 몸 안에서 포도당으로 분해된다. 포도당은 우리 몸의 주요 에너지원으로서 생명체가 힘을 내는 데 매우 중요한 역할을 한다. 특히 포도당은 뇌 활동에 없어서는 안 될 물질이다. 왜냐하면 뇌는 영양원으로 오직 포도당만 사용하기 때문이다. 우리 몸에서 소비되는 포도당의 약 25 % 정도를 1.4 kg 남짓한 뇌가 소비할 만큼, 뇌의 포도당 욕심은 강하다. 그래서 우리 몸은 포도당이 많이 들어 있는 단 음식을 좋아하도록 진화한 것이다. 아직 맛을 잘 모르는 갓난아기조차 단맛 나는 분유를 잘 먹는 것은 이러한 이유 때문이다.

3 반면 사람들이 쓴맛을 꺼리는 이유는 무엇일까? 쓴 식물은 초식 동물로부터 자신을 보호하기 위해 일종의 독소를 분비하는데, 이 독소의 맛이 바로 쓴맛이다. 쓴맛이 나면 초식 동물은 그 식물이 독성을 가지고 있다고 생각하여 더는 뜯어 먹지 않는다. 쓴맛은 식물이 독성 물질을 경고하기 위해 발달한 것이기 때문에, 동물들이 쓴맛을 꺼리는 것은 독을 멀리하도록 설계된 감각이다. 사람의 감각 역시 마찬가지다. 다른 동물들처럼 사람들도 독성을 가진 음식을 멀리하기 위해 쓴맛에 거부감을 느끼도록 진화하였다. 그래서 사람들은 본능적으로 쓴 음식을 먹으면 얼굴을 찌푸리거나 음식을 뱉기도 한다. 물론 쓴맛이 나는 모든 음식이 독성이 있는 것은 아니니, 채소나 약을 먹을 때 쓰다고 걱정할 필요는 없다.

4 이처럼 사람들이 단맛을 좋아하고 쓴맛을 싫어하는 데에는 진화 과정에서의 과학적 이유가 숨겨져 있다. 인간은 우리 몸에 필요한 영양분을 흡수하기 위해 단맛이 나는 음식을 좋아하도록 진화하였고, 식물의 독성으로부터 우리 몸을 지키기 위해 쓴맛에 거부감을 느끼도록 진화한 것이다. 그러니 앞으로 단 음식만 너무 좋아한다고 자책할 필요는 없다. 그것은 우리 몸의 지극히 자연스러운 반응이기 때문이다.

◆ **설계되어**: 계획이 세워져
◆ **남짓한**: 크기, 수효, 부피 따위가 어느 한도에 차고 조금 남는 정도인
◆ **진화한**: 생물이 생명의 기원 이후부터 점진적으로 변해 간
◆ **거부감**: 어떤 것에 대해 받아들이고 싶지 않거나 물리치고 싶은 느낌
◆ **본능적**: 태어날 때부터 하게 되어 있는 동작이나 운동에 따라 움직이려고 하는 것
◆ **자책할**: 자신의 결함이나 잘못에 대하여 스스로 깊이 뉘우치고 자신을 꾸짖고 나무랄

≫ 글 내용 한눈에 보기 ●●●

사람들은 일반적으로 **1** ⬚ㄷ ⬚ㅁ 을 좋아하고 **2** ⬚ㅆ ⬚ㅁ 을 싫어함

사람들이 단맛을 좋아하는 이유

우리 몸의 주요 에너지원이자 뇌 활동에 없어서는 안 될 물질인 **3** ⬚ㅍ ⬚ㄷ ⬚ㄷ 이 단 음식에 많이 들어 있어서 우리 몸이 단맛을 좋아하도록 진화한 것임

사람들이 쓴맛을 싫어하는 이유

4 ⬚ㄷ ⬚ㅅ 을 가진 음식을 멀리하기 위해 우리 몸이 쓴맛에 거부감을 느끼도록 진화한 것임

사람들이 단맛을 좋아하고 쓴맛을 싫어하는 데에는
진화 과정에서의 **5** ⬚ㄱ ⬚ㅎ ⬚ㅈ 이유가 숨겨져 있음

내용 추론

01 이 글을 쓴 목적으로 알맞은 것은 무엇일까요?　[✏️　　]

① 쓴맛의 해로움을 널리 알리기 위해서
② 음식을 올바르게 먹는 방법을 알리기 위해서
③ 쓴 음식에 관한 글쓴이의 경험을 소개하기 위해서
④ 단 음식을 즐겨 먹어야 하는 이유를 알려 주기 위해서
⑤ 사람들이 단맛을 좋아하고 쓴맛을 싫어하는 과학적 이유를 설명하기 위해서

내용 이해

02 이 글을 읽고 해결할 수 <u>없는</u> 질문은 무엇인가요?　[✏️　　]

① 쓴 식물을 먹으면 왜 쓴맛이 날까?
② 사람들이 단맛을 좋아하는 이유는 무엇일까?
③ 단 음식에는 어떤 영양분이 많이 들어 있을까?
④ 쓴맛을 없애기 위한 방법에는 어떤 것이 있을까?
⑤ 사람들이 쓴맛에 거부감을 느끼는 이유는 무엇일까?

내용 이해

03 다음은 단맛과 쓴맛에 대해 정리한 표입니다. 빈칸에 들어갈 알맞은 말을 쓰세요.

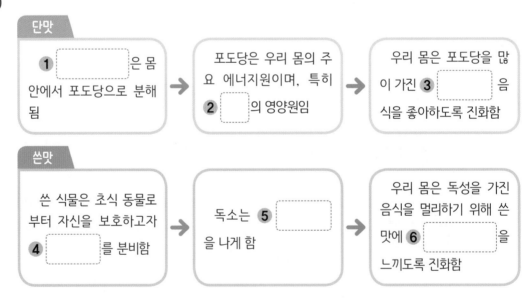

단맛

1 [　　]은 몸 안에서 포도당으로 분해됨 → 포도당은 우리 몸의 주요 에너지원이며, 특히 **2** [　　]의 영양원임 → 우리 몸은 포도당을 많이 가진 **3** [　　] 음식을 좋아하도록 진화함

쓴맛

쓴 식물은 초식 동물로부터 자신을 보호하고자 **4** [　　]를 분비함 → 독소는 **5** [　　]을 나게 함 → 우리 몸은 독성을 가진 음식을 멀리하기 위해 쓴맛에 **6** [　　]을 느끼도록 진화함

중심 내용 쓰기

04 이 글의 중심 내용을 한 문장으로 완성해 보세요.

인간은 몸에 필요한 영양분을 흡수하기 위해 ✏️＿＿＿＿＿＿＿＿＿＿＿＿ 진화하였고, 식물 독성으로부터 몸을 지키기 위해 ✏️＿＿＿＿＿＿＿＿＿＿＿＿ 진화하였다.

01 다음 낱말의 뜻을 찾아 바르게 연결해 보세요.

1 거부감 •
2 본능적 •
3 일반적 •

• ㄱ 일부에 한정되지 아니하고 전체에 걸치는 것

• ㄴ 어떤 것에 대해 받아들이고 싶지 않거나 물리치고 싶은 느낌

• ㄷ 태어날 때부터 하게 되어 있는 동작이나 운동에 따라 움직이려고 하는 것

02 제시된 뜻과 예문을 참고하여 다음 초성에 해당하는 낱말을 빈칸에 쓰세요.

1 ㅈ ㅎ 하다: 생물이 생명의 기원 이후부터 점진적으로 변해 가다.

⟮예⟯ 인간은 몇만 년의 시간을 거쳐 현재와 같은 모습으로 (　　　　)하였다.

2 ㄴ ㅈ 하다: 크기, 수효, 부피 따위가 어느 한도에 차고 조금 남는 정도이다.

⟮예⟯ 나는 공원에서 삼십 분 (　　　　)한 시간 동안 네잎 클로버를 찾아 헤맸다.

03 다음 문장에 들어갈 알맞은 낱말을 ⟮보기⟯에서 찾아 쓰세요.

⟮보기⟯

경고하다　　　설계되다　　　소비되다　　　자책하다　　　흡수하다

1 우리의 삶은 꼭 □□된 대로 되지는 않는다.

2 의사는 내게 짠 음식을 지나치게 많이 먹지 말라고 □□했다.

3 서준이는 어제 자신이 한 실수에 대해 계속 반성하고 □□했다.

쇼핑, 어디까지 진화할까

① 인터넷과 같은 정보 통신 기술이 발달하면서 오프라인 상점에서만 이루어지던 거래가 온라인 상점으로 넘어왔다. 사람들은 온라인 네트워크를 활용함으로써 시간과 장소에 구애를 받지 않고, 언제 어디서나 상품이나 서비스를 사고팔 수 있게 되었다. 요즘에는 스마트폰이 널리 보급되면서 모바일 쇼핑을 하는 사람들도 급격히 늘어났다. 손가락만 움직여 물건을 사고, 그 물건을 집에서 받을 수 있게 된 것은 가히 혁명적인 변화였다.

② 이러한 온라인 상점에 밀려서 한동안 어려움을 겪었던 오프라인 상점이 최근 리테일테크를 통해 다시 주목받고 있다. '리테일테크'란 소매를 뜻하는 '리테일(retail)'과 '기술(technology)'을 합한 단어로 소매점에 첨단 정보 통신 기술을 접목한 것을 뜻한다. 유통업계는 마트, 편의점, 음식점 등의 오프라인 소매점에 첨단 정보 통신 기술을 접목하여 편리하고 새로운 생활 방식을 이끌어 내고자 노력하고 있다. 리테일테크는 <u>ㄱ 결제, 매장 관리, 마케팅, 상품 추천</u> 등의 세부 분야에 다양한 형태로 접목되고 있다.

③ 리테일테크가 가져온 변화 중 가장 두드러진 것은 무인 상점의 등장이다. 음식점에서 점원이 아닌 무인 주문기를 통해 주문을 하고 음식을 받아 본 경험이 있을 것이다. 세계 최대의 전자 상거래 업체인 아마존은 현재 '아마존 고'라는 무인 상점을 운영하고 있다. 아마존 고에서는 천장에 달린 카메라의 인공 지능 센서가 고객과 물건을 추적해서 앱에 등록된 신용 카드 정보를 이용해 자동으로 물건값을 결제한다. 이렇듯 첨단 기술이 점원의 역할을 대신할 수 있다면 머지않아 무인 상점이 우리 주변에 흔하게 생길 것이다.

④ 두 번째 변화는 인공 지능(AI) 챗봇의 등장이다. 챗봇은 사용자와 대화를 나누며 질문에 대답을 하거나 질문과 관련한 정보를 제공하는 인공 지능 기반의 커뮤니케이션 소프트웨어이다. 쇼핑 중에 챗봇과 대화하여 상품의 위치를 안내받거나, 상품 종류가 다양해서 선택하기 어려울 때 챗봇이 상품을 추천해 주는 등 다양한 형태로 챗봇이 활용되고 있다.

⑤ 이 밖에 얼굴, 목소리, 홍채, 손바닥 등 사용자 고유의 생체 정보를 인식해 결제하는 바이오 페이(Bio pay) 시스템의 등장이 있다. 이 시스템은 간편하게 물건값을 결제할 수 있다는 장점이 있지만 정보 유출의 위험성이 있다는 단점이 있다. 비밀번호를 활용한 결제 시스템은 해킹을 당했을 때 비밀번호를 변경하면 문제가 해결된다. 하지만 생체 정보는 사용자 고유의 정보이기 때문에 해킹을 당하면 영구적인 피해로 이어질 수 있다. 이러한 정보

유출의 위험성 외에도 리테일테크는 기계를 다루는 데 익숙하지 않거나 시스템을 처음 접하는 사람들이 서비스를 사용하기 어렵다는 한계가 있다. 그러나 첨단 기술이 나날이 발전하고 있어 이러한 한계를 보완한 시스템 개발이 이루어질 것으로 예상된다. 상품 구매의 편의성을 높이고 소비자에게 흥미로운 경험을 선사할 리테일테크의 앞날이 기대된다.

◆ **소매**: 물건을 생산자나 도매상에게서 사들여 직접 소비자에게 팖
◆ **영구적**: 오래도록 변하지 아니하는 것

⟩⟩ **글 내용** 한눈에 보기 •••

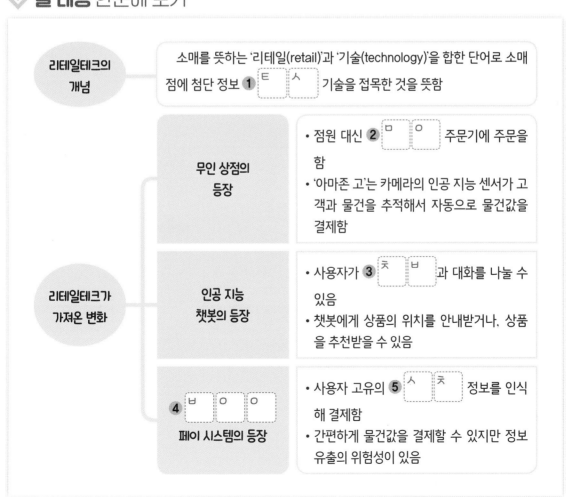

| 리테일테크의 개념 | 소매를 뜻하는 '리테일(retail)'과 '기술(technology)'을 합한 단어로 소매점에 첨단 정보 ❶ [ㅌ][ㅅ] 기술을 접목한 것을 뜻함 |

리테일테크가 가져온 변화	무인 상점의 등장	• 점원 대신 ❷ [ㅁ][ㅇ] 주문기에 주문을 함 • '아마존 고'는 카메라의 인공 지능 센서가 고객과 물건을 추적해서 자동으로 물건값을 결제함
	인공 지능 챗봇의 등장	• 사용자가 ❸ [ㅊ][ㅂ]과 대화를 나눌 수 있음 • 챗봇에게 상품의 위치를 안내받거나, 상품을 추천받을 수 있음
	❹ [ㅂ][ㅇ][ㅇ] 페이 시스템의 등장	• 사용자 고유의 ❺ [ㅅ][ㅊ] 정보를 인식해 결제함 • 간편하게 물건값을 결제할 수 있지만 정보 유출의 위험성이 있음

글을 이해해요

내용 이해
01 리테일테크가 가져온 변화가 <u>아닌</u> 것은 무엇인가요? [✎   ]

① 무인 주문기를 통해 음식을 주문한다.
② 인공 지능 챗봇에게서 상품의 위치 정보를 얻는다.
③ 결제 기기에 손바닥 정맥을 인증하여 물건값을 결제한다.
④ 고른 상품을 매장 계산대에 가져가 점원에게 계산을 부탁한다.
⑤ 인공 지능 챗봇에게 상품에 관해 궁금한 점을 질문하고 답을 얻는다.

내용 비판
02 글쓴이가 생각한 리테일테크의 전망으로 알맞은 것은 무엇일까요? [✎   ]

① 소비자의 흥미가 떨어지면 사용하지 않을 것이다.
② 결제 서비스는 줄어들지만 다른 서비스는 늘어날 것이다.
③ 정보 유출의 위험성 때문에 소비자가 사용하지 않을 것이다.
④ 소비자가 사용하기 어려운 서비스가 많기 때문에 사용이 줄 것이다.
⑤ 첨단 기술의 발전에 따라 소비자에게 도움이 되는 방향으로 성장할 것이다.

내용 추론
03 다음 그림에서 알 수 있는, 리테일테크가 적용된 세부 분야로 알맞은 것을 ㄱ에서 골라 쓰세요. [✎   ]

중심 내용 쓰기
04 이 글의 중심 내용을 한 문장으로 완성해 보세요.

소매점에 ✎_____ 리테일테크는 무인 상점, 인공 지능 챗봇, 바이오 페이 시스템을 등장시키며 쇼핑에 많은 변화를 가져왔다.

01 제시된 뜻과 예문을 참고하여 다음 초성에 해당하는 낱말을 빈칸에 쓰세요.

1 ㄱ ㅇ : 거리끼거나 얽매임

예 우리 오늘 오랜만에 만났으니 시간의 (　　　　　)를 받지 말고 신나게 놀자.

2 ㅇ ㄱ ㅈ : 오래도록 변하지 아니하는 것

예 문화재를 (　　　　　)으로 보존하는 방법에 대해 연구 중이다.

3 ㅅ ㅁ : 물건을 생산자나 도매상에게서 사들여 직접 소비자에게 팖

예 그녀는 남대문 시장에서 물건을 도매로 떼다가 (　　　　　)로 판다.

02 다음 문장의 괄호 안에 들어갈 알맞은 낱말을 골라 보세요.

1 고객들의 개인 정보 [배출 / 유출] 사고로 집단 소송이 제기되었다.

2 이 세탁기는 사용자의 [창의성 / 편의성]을 높이기 위해 조작 버튼을 위로 올려 허리를 편 상태에서 누를 수 있게 만들어졌다.

03 다음 문장에 들어갈 알맞은 낱말을 보기 에서 찾아 쓰세요.

> 보기
>
> 결제하다　　　선사하다　　　운영하다　　　접목하다　　　추적하다

1 즐거운 노래와 춤을 여러분께 [　　　]합니다.

2 아빠는 할아버지의 사업을 이어받아 회사를 [　　　]하게 되었다.

3 그 민족은 전혀 다른 두 문화를 [　　　]하여 새로운 문화를 만들어 내었다.

미래에 기대되는 직업

① 직업은 시대에 따라 사라지기도 하고 새로 생겨나기도 한다. 앞으로 직업은 더 다양해지고 전문화, 세분화될 것이다. 그렇다면 미래에 기대되는 직업에는 무엇이 있을까? 첫 번째 미래 직업은 컨벤션 기획자이다. 세계화가 진행되면서 국가 간 물자와 사람의 교류가 늘어나며 이에 따라 국제회의도 활성화되고 있다. 컨벤션 기획자는 국제회의나 엑스포 같은 큰 규모의 국제 행사를 기획하고 홍보하는 일을 한다. 국제 행사의 장소와 참가자를 찾아 결정하고, 참가자의 일정을 관리한다. 또 세계 각국을 다니며 행사를 홍보한다. 컨벤션 기획자는 국제 행사를 진행하므로 외국어를 잘해야 한다. 또한 여러 나라의 문화와 역사를 깊이 있게 이해해야 하고, 광고나 전시 기획과 관련한 공부도 꾸준히 하는 것이 좋다.

② 두 번째 미래 직업으로는 나무 의사가 있다. 전 세계적으로 공업화와 도시화가 진행됨에 따라 환경 오염이 날로 심각해지고 있다. 따라서 환경 문제를 해결하는 일은 미래 사회에서 중요한 과제가 될 것이며 환경친화적인 일을 하는 직업이 늘어날 것이다. 나무 의사는 나무의 상태를 관찰하며 병든 나무를 돌보고 나무가 잘 자랄 수 있도록 관리한다. 병과 해충의 피해를 예방하기 위해 나무에 약품을 뿌리고, 줄기나 뿌리에 난 상처를 치료하거나 수술한다. 나무 의사가 되려면 여러 나무의 특성을 잘 알고, 나무에 생긴 병을 구별할 줄 아는 관찰력이 있어야 한다. 이와 함께 임업과 관련한 전문 지식을 갖추는 것이 좋다.

③ 세 번째 미래 직업은 푸드 스타일리스트이다. 생활 수준이 높아지면서 맛과 멋으로 음식을 즐기는 사람이 늘고 있다. 또한 SNS에 음식 사진을 올리는 문화가 유행하며 음식을 보기 좋게 연출하는 방법에 대한 관심도 높아지고 있다. 이에 따라 앞으로 음식과 관련한 다양한 직업이 생길 것이다. 푸드 스타일리스트는 영화, 드라마, 광고 등의 촬영에 필요한 음식 장면을 연출한다. 요리와 어울리는 그릇에 음식을 담고 식탁을 꾸미는 등의 전반적인 일을 하는 것이다. 또 식당에 필요한 새로운 메뉴를 개발하거나 요리책에 소개할 조리법을 작성하기도 한다. 푸드 스타일리스트가 되려면 음식에 대한 전문적인 지식과 요리 실력을 갖추어야 한다. 또한 식탁을 아름답게 꾸미기 위한 미적 감각과 색채 감각이 필요하다.

④ 마지막 미래 직업은 데이터베이스 관리자이다. 현대 사회는 컴퓨터에 방대한 자료를 저장해 두고 활용하는 정보화 사회이다. 따라서 프로그램을 관리하는 일, 컴퓨터 바이러스를 치료하는 일, 정보를 안전하게 관리하는 일 등을 하는 컴퓨터 관련 직업들이 계속적으로

필요할 것이다. 데이터베이스 관리자는 컴퓨터에 저장된 많은 자료를 체계적으로 수집하고 정리하여 효과적으로 이용할 수 있게 한다. 데이터를 분석하여 데이터베이스 시스템을 구축한다. 또 시스템에 문제가 생기면 빠르게 복구하고, 주기적으로 백업하여 시스템을 안정적으로 운영한다. 데이터베이스 관리자가 되려면 기본적으로 여러 가지 컴퓨터 프로그램을 잘 다룰 줄 알아야 한다. 그리고 복잡한 자료를 체계적으로 수집하고 정리하는 능력을 기르는 것이 좋다.

◆ **임업**: 각종 산림 물품에서 얻는 경제적 이윤을 위하여 숲을 경영하는 사업
◆ **전반적**: 어떤 일이나 부문에 대하여 그것과 관계되는 전체에 걸친 것
◆ **구축한다**: 체제, 체계 따위의 기초를 닦아 세운다.

❯❯ 글 내용 한눈에 보기 ●●●

컨벤션 기획자

- 전망: 세계화에 따라 국가 간의 교류가 중시되며 국제회의가 활성화되고 있음
- 하는 일: 국제회의 같은 큰 규모의 국제 행사를 기획하고 **①** ㅎ ㅂ 함

② ㄴ ㅁ 의사

- 전망: 환경 오염이 심각해지고 있어 환경 친화적인 일을 하는 직업이 늘어날 것임
- 하는 일: 병든 나무를 돌보고 나무가 잘 자랄 수 있도록 관리함

미래에 기대되는 직업

푸드 스타일리스트

- 전망: 생활 수준이 높아지면서 음식과 관련한 다양한 직업이 생길 것임
- 하는 일: 촬영에 필요한 **③** ㅇ ㅅ 관련 장면을 연출하고, 메뉴를 개발하며 조리법을 작성함

데이터베이스 관리자

- 전망: 현대 사회에서 **④** ㅋ ㅍ ㅌ 관련 직업이 계속적으로 필요할 것임
- 하는 일: 컴퓨터에 저장된 많은 자료를 체계적으로 수집하고 정리하여 효과적으로 이용할 수 있게 함

01 컨벤션 기획자가 갖추어야 할 능력이 <u>아닌</u> 것은 무엇일까요?

① 외국어로 대화할 수 있어야 한다.
② 행사를 기획하고 홍보할 줄 알아야 한다.
③ 행사 장소와 참가자를 섭외할 수 있어야 한다.
④ 세계 여러 나라의 문화와 역사를 알아야 한다.
⑤ 무역하기에 적절한 나라를 선정할 줄 알아야 한다.

02 나무 의사에 대한 설명으로 알맞지 <u>않은</u> 것은 무엇인가요?

① 환경친화적인 일을 하는 직업이다.
② 나무를 사용한 다양한 제품을 개발한다.
③ 주로 나무의 상태를 관찰하며 병든 나무를 돌본다.
④ 나무의 줄기나 뿌리에 난 상처를 치료하거나 수술한다.
⑤ 병과 해충의 피해를 예방하기 위해 나무에 약품을 뿌린다.

03 이 글을 읽은 후의 반응으로 알맞은 것은 무엇일까요?

① 나무 의사는 미적 감각과 색채 감각이 중요시되는 직업이구나.
② 컨벤션 기획자는 컴퓨터에 데이터를 정리하는 능력이 있어야 해.
③ 푸드 스타일리스트는 식물과 관련한 전문 지식을 갖추는 것이 좋아.
④ 데이터베이스 관리자는 기본적으로 컴퓨터 프로그램을 잘 다룰 줄 알아야 해.
⑤ 컴퓨터와 관련된 직업 중에서 데이터베이스 관리자가 유일하게 남아 있는 직업이야.

04 이 글의 중심 내용을 한 문장으로 완성해 보세요.

미래에 기대되는 직업으로는 ✎ _____
_____ 가 있다.

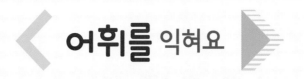
01 다음 낱말에 대한 설명이 맞으면 ◯, 틀리면 ✕ 표시를 하세요.

1 '자질'은 어떤 분야의 일에 대한 능력이나 실력의 정도를 뜻한다. [◯ / ✕]

2 '세분화되다'는 사물이 여러 갈래로 자세히 갈라진다는 의미이다. [◯ / ✕]

3 땅을 이용하여 인간 생활에 필요한 식물을 가꾸거나, 유용한 동물을 기르는 산업을 '임업'
이라고 한다. [◯ / ✕]

02 제시된 뜻과 예문을 참고하여 다음 초성에 해당하는 낱말을 빈칸에 쓰세요.

1 ㄱ ㅎ 하다: 일을 꾀하여 계획하다.

예 많은 미술관에서 봄을 맞아 꽃을 주제로 한 전시회를 (   )하고 있다.

2 ㅎ ㅅ ㅎ 되다: 사회나 조직 등의 기능이 활발해지다.

예 내년 올림픽 개최의 영향으로 관광 산업이 (   )되고 있다.

3 ㅈ ㅂ ㅈ : 어떤 일이나 부문에 대하여 그것과 관계되는 전체에 걸친 것

예 올해는 날씨가 좋지 않아서 농산물 가격이 (   )으로 많이 올랐다.

03 다음 문장에 들어갈 알맞은 낱말을 보기 에서 찾아 쓰세요.

> **보기**
> 구축하다   관찰하다   방대하다   백업하다   연출하다

1 그가 세계 여행을 하며 남긴 사진과 자료의 양은 [   ][   ]했다.

2 컴퓨터 전원이 갑자기 꺼졌지만 다행히 [   ][   ]해 둔 파일이 남아 있었다.

3 정보의 양이 급격하게 증가하면서 초고속 정보 처리 통신망을 [   ][   ]할 필요성이 높
아졌다.

10 세계 건축물 탐방

① 세계적으로 유명한 건축물에는 특별한 사연이 있다. 지금부터 유명 건축물에 담긴 이야기와 건축물의 특징을 알아보자. 프랑스 파리 중심부에는 철재로 만들어진 높은 탑 하나가 우뚝 서 있다. 바로 에펠탑이다. 이 탑은 1889년에 열렸던 파리 만국 박람회의 개최에 맞추어 프랑스 건축가 구스타브 에펠의 설계로 세워졌다. 에펠은 2년 2개월 만에 높이 300미터의 탑을 완공했다. 이는 그 당시 기술 수준으로서는 대단한 성과였다. 그러나 공사 시작 때부터 사람들의 반대가 컸다. 탑이 벼락을 맞거나 내려앉을 것을 우려하여 공사를 중단하라는 요구도 있었다. 완공 후에도 파리의 아름다움을 해친다며 철거를 요구하는 항의가 빗발쳤다. 하지만 오늘날 에펠탑은 전 세계 사람들의 사랑을 받으며 파리를 상징하는 명소가 되었다.

▲ 프랑스의 랜드마크인 에펠탑

② 스페인 바르셀로나에 있는 사그라다 파밀리아 성당은 1882년에 공사를 시작하여 여전히 짓고 있다. 건축가 안토니오 가우디는 '가난한 사람들을 위한 성당'이 되도록 이 성당을 설계하고 40여 년간 건축하였으나 1926년에 갑작스러운 사고로 세상을 떴다. 이 성당은 보통의 건축물과 달리 외벽의 선이 곡선 형태여서 움직일 듯한 느낌을 준다. 성당 내부는 나무처럼 생긴 기둥, 별을 닮은 무늬가 박힌 천장, 나선형 계단 등 독특한 형태의 공간으로 차 있어 신비로움을 준다. 수많은 관광객이 찾고 있는 지금도 공사가 진행 중이며 가우디의 사망 100주기인 2026년에 맞추어 완공하는 것이 목표라고 한다.

▲ 공사 중인 사그라다 파밀리아 성당

③ 인도 아그라 남쪽에 가면 궁전 형식의 무덤인 타지마할을 볼 수 있다. 타지마할은 무굴 제국의 제5대 황제인 샤 자한이 왕비 뭄타즈 마할을 추모하기 위해 건설한 것이다. 왕은 사랑하는 왕비가 죽자 실의에 빠졌고, 무덤을 지어 왕비를 기억하고자 했다. 타지마할은 흰색 대리석의 웅장함, 보석 장식의 화려함, 조형과 비례의 아름다움, 정교한 건축 기술이 총망라된 뛰어난 건축미를 보여 준다. 특히 중앙 돔을 중심으로 건물이 완벽한 좌우 대칭을 이루고 있는 것이 특징이

▲ 완벽한 대칭을 보여 주는 타지마할

다. 당시 기술로 이런 건축물을 22년 만에 지으려다 보니, 타지마할 건축에 국가 재정을 다 쓴 샤 자한은 왕위에서 쫓겨나 탑에 갇혔다가 훗날 왕비와 함께 타지마할 지하에 묻혔다.

4 이탈리아 로마에는 2천 년 전, 고대 로마 제국 때 건설된 원형 경기장인 콜로세움이 있다. 콜로세움은 4층 구조이며 약 5만 명에서 8만 명에 달하는 사람들이 입장할 수 있는 거대한 규모이다. 이 건물은 지붕이 없는 대신 천장에 질긴 천을 덮어서 비나 햇빛을 가렸다. 관람석은 둥글게 계단식으

▲ 거대한 원형 경기장인 콜로세움

로 만들어져 있으며 신분에 따라 층별로 자리가 구분되어 있었다. 이곳에서 검투사들의 대결이 열리고, 연극이나 서커스와 같은 공연이 상연되었다. 서로마 제국의 멸망 후에 방치되었던 콜로세움은 석재 등을 도난당해 지금은 원래 모습의 3분의 1 정도만 남아 있다.

◆ **나선형**: 소라의 껍데기처럼 빙빙 비틀려 돌아간 모양

≫ 글 내용 한눈에 보기 ●●●

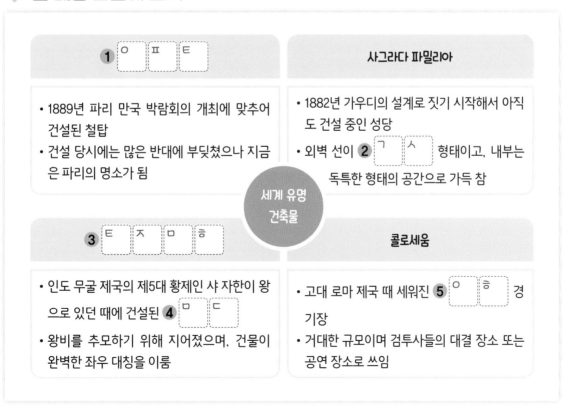

1 ㅇ ㅍ ㅌ

- 1889년 파리 만국 박람회의 개최에 맞추어 건설된 철탑
- 건설 당시에는 많은 반대에 부딪혔으나 지금은 파리의 명소가 됨

사그라다 파밀리아

- 1882년 가우디의 설계로 짓기 시작해서 아직도 건설 중인 성당
- 외벽 선이 **2** ㄱ ㅅ 형태이고, 내부는 독특한 형태의 공간으로 가득 참

세계 유명 건축물

3 ㅌ ㅈ ㅁ ㅎ

- 인도 무굴 제국의 제5대 황제인 샤 자한이 왕으로 있던 때에 건설된 **4** ㅁ ㄷ
- 왕비를 추모하기 위해 지어졌으며, 건물이 완벽한 좌우 대칭을 이룸

콜로세움

- 고대 로마 제국 때 세워진 **5** ㅇ ㅎ 경기장
- 거대한 규모이며 검투사들의 대결 장소 또는 공연 장소로 쓰임

글을 이해해요

01 내용 이해

사그라다 파밀리아에 대한 설명으로 알맞지 <u>않은</u> 것은 무엇인가요? [ ]

① 처음 공사가 시작된 때는 1882년이다.
② 성당이 아직도 공사 중인 이유는 전쟁으로 훼손되었기 때문이다.
③ 성당을 구성하는 외벽 선이 곡선 형태라서 움직일 듯한 느낌을 준다.
④ 성당을 설계한 가우디는 '가난한 사람들을 위한 성당'을 짓고자 했다.
⑤ 성당 내부는 독특한 형태의 공간으로 구성되어 신비로운 느낌을 준다.

02 내용 추론

에펠탑과 타지마할에 대한 설명으로 알맞지 <u>않은</u> 것은 무엇일까요? [ ]

① 에펠탑은 건립 당시에 많은 사람들이 건립을 반대했다.
② 타지마할은 완벽한 좌우 대칭의 아름다움을 보여 준다.
③ 에펠탑과 타지마할은 철재를 사용해 만들어진 건축물이다.
④ 에펠탑과 타지마할은 어떤 일이나 사람을 기념하기 위해 세워졌다.
⑤ 에펠탑과 타지마할은 당시 최고의 건축 기술이 발휘된 건축물이다.

03 내용 비판

콜로세움에 대한 설명을 읽고 난 후의 반응으로 알맞지 <u>않은</u> 것은 무엇일까요?

[ ]

① 검투사의 대결과 공연이 열리던 공공 오락 시설이구나.
② 이런 거대한 건축물을 건설하기까지 많은 사람이 동원되었겠구나.
③ 지붕이 없다는 것에서 비나 햇빛 같은 자연을 중시했다는 걸 알겠어.
④ 신분에 따라 자리를 구분해 놓았다니 명확한 신분 제도가 있던 시대였구나.
⑤ 이런 건축 기술이 있었다는 점에서 로마가 매우 번영한 나라였음을 알 수 있어.

04 중심 내용 쓰기

이 글의 중심 내용을 한 문장으로 완성해 보세요.

> 특별한 사연을 지닌 세계 유명 건축물에는 건설 당시 많은 반대가 있었으나 지금은 명소가 된 에펠탑, 아직도 ＿＿＿＿＿＿＿＿＿＿＿＿＿＿＿＿＿＿, 왕비를 추모하고자 지어진 타지마할, 그리고 거대한 ✎＿＿＿＿＿＿＿＿＿＿＿＿＿＿이 있다.

01 다음 낱말의 뜻을 찾아 바르게 연결해 보세요.

1 상연되다	•		•	ㄱ	전체가 모아져 포함되다.
2 도난당하다	•		•	ㄴ	연극 따위가 무대에서 관객에게 보이게 되다.
3 총망라되다	•		•	ㄷ	뜻하지 아니하게 무엇을 잃어버리거나 빼앗기다.

02 다음 낱말에 대한 설명이 맞으면 ○, 틀리면 ✕ 표시를 하세요.

1 '실의'는 뜻이나 의욕을 얻는 것을 의미한다. [○ / ✕]

2 '항의'는 못마땅한 생각이나 반대의 뜻을 주장하는 것을 뜻한다. [○ / ✕]

3 소라의 껍데기처럼 빙빙 비틀려 돌아간 모양을 뜻하는 낱말은 '나선형'이다. [○ / ✕]

03 다음 문장에 들어갈 알맞은 낱말을 보기에서 찾아 쓰세요.

보기

상징하다   완공하다   정교하다   중단하다   추모하다

1 이 조각물을 만드는 데에는 [   ]한 기술이 요구된다.

2 학교 체육관 건물을 [   ]하려면 몇 달은 더 있어야 한다.

3 우리 가족은 돌아가신 할아버지를 [   ]하여 제사를 지냈다.

11 농사와 관련된 명절

1 명절은 농경 사회였던 우리나라의 세시 풍속으로, 해마다 농사력에 맞추어 행해지는 큰 행사였다. 우리나라의 명절에는 설, 정월 대보름, 단오, 추석 등이 있으며, 이는 모두 농사와 깊은 관련이 있다. 먼저 설은 음력 1월 1일로, 한 해 농사를 비롯해 모든 것을 새롭게 시작하는 뜻깊은 날이다. 우리 조상들은 한 해의 운수가 설과 관계가 있다고 믿어, 삼국 시대 이전부터 음력 정월 초하루에 하늘에 제사를 지내며 풍년을 기원하였다. '설'이란 말은 '삼가다'라는 말에서 나왔는데, 한 해 농사가 시작되는 날인 만큼 모든 일을 신중하게 하라는 뜻이 담겨 있다. 실제로 조상들은 설을 아주 조심스럽게 맞이하였다. 설에는 아침 일찍 일어나 옷을 깨끗이 갈아입고 식구들의 건강과 행복을 기원하며 차례를 지냈다.

2 정월 대보름은 음력 1월 15일로, 명절 중에서도 비중이 크고 뜻깊은 날이기 때문에 '대보름'이라고 일컬었다. 정월 대보름이 되면 사람들은 부럼, 오곡밥, 여러 가지 나물, 약밥 등 겨울철에 구할 수 있는 음식거리를 최대한 장만하여 먹었다. 여기에는 곧이어 다가올 농사철에 대비하여 영양을 보충하자는 뜻이 담겨 있다. 또 정월 대보름에는 외양간 앞에 상을 차려 일 년 내내 소가 농사일을 잘하기를 기원하기도 하였다. 이 외에도 달집태우기나 줄다리기 등 농사와 관련된 전통 놀이를 즐겼다. 그중 달집태우기는 짚단과 나뭇가지를 묶어서 무더기로 쌓아 올린 '달집'을 세운 다음, 불에 태워 놀며 풍년을 기원하는 놀이였다.

3 단오는 음력 5월 5일로 설날, 추석과 함께 우리나라 3대 명절 중 하나이다. 단오는 봄철 모내기를 마무리하고 더운 여름을 맞으며 농경의 풍작과 풍요를 기원하는 날이다. 사람들은 단오가 되면 풍년을 기원하고 더운 여름을 나기 위한 건강을 바라며 수리취떡, 앵두화채 등을 먹었다. 또한 남자들은 씨름을 하며 자신의 힘과 실력을 자랑하였고, 여자들은 창포물로 감은 머리를 단장하거나 그네뛰기를 통해 자신의 실력을 뽐냈다.

4 추석은 음력 8월 15일로, 한 해 농사를 수확하고 나서 오곡백과를 차려 놓고 잔치를 벌이며 조상들께 감사하는 마음을 전했던 날이다. 조상들은 삼국 시대부터 추석을 '가윗날' 또는 '한가윗날'이라고 부르며 큰 명절로 지내 왔다. 가위란 '가을의 중간'이란 뜻이고 한가위란 '가을의 큰 명절'이란 뜻이다. 추석날에 조상들은 농사의 수확물인 햇과일과 햇곡식으로 음식을 장만해 차례를 지내고, 조상들의 무덤을 찾아 성묘를 했다. 그리고 무덤 주위에 무성하게 자란 잡초를 베어 내고 말끔하게 손질을 했다.

⑤ 이처럼 우리나라의 대표 명절인 설, 정월 대보름, 단오, 추석은 모두 농사와 깊은 관련이 있다. 우리나라가 예로부터 농경에 기반한 사회였기 때문에 농사에 있어 중요한 날이 곧 명절이 된 것이다. 명절마다 기념하는 시기와 먹는 음식, 즐기는 문화 등은 제각기 다르지만, 풍년을 바라고 조상에게 감사함을 전하는 날이라는 의미는 같다고 할 수 있다.

◆ **농사력**: 자연 현상이나 동식물의 상태에 따라 농사짓는 절기를 나타낸 달력이나 도표
◆ **기반한**: 바탕이나 토대를 둔

글 내용 한눈에 보기 ●●●

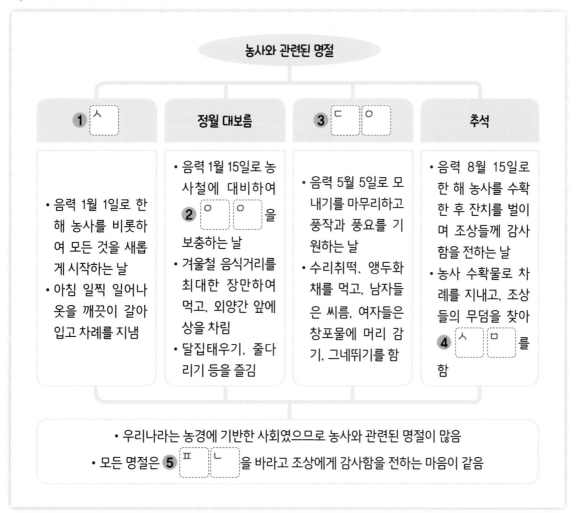

농사와 관련된 명절

1 ㅅ☐ | 정월 대보름 | **3** ㄷ☐ㅇ☐ | 추석

- 음력 1월 1일로 한 해 농사를 비롯하여 모든 것을 새롭게 시작하는 날
- 아침 일찍 일어나 옷을 깨끗이 갈아입고 차례를 지냄

- 음력 1월 15일로 농사철에 대비하여 **2** ㅇ☐ㅇ☐ 을 보충하는 날
- 겨울철 음식거리를 최대한 장만하여 먹고, 외양간 앞에 상을 차림
- 달집태우기, 줄다리기 등을 즐김

- 음력 5월 5일로 모내기를 마무리하고 풍작과 풍요를 기원하는 날
- 수리취떡, 앵두화채를 먹고, 남자들은 씨름, 여자들은 창포물에 머리 감기, 그네뛰기를 함

- 음력 8월 15일로 한 해 농사를 수확한 후 잔치를 벌이며 조상들께 감사함을 전하는 날
- 농사 수확물로 차례를 지내고, 조상들의 무덤을 찾아 **4** ㅅ☐ㅁ☐ 를 함

- 우리나라는 농경에 기반한 사회였으므로 농사와 관련된 명절이 많음
- 모든 명절은 **5** ㅍ☐ㄴ☐ 을 바라고 조상에게 감사함을 전하는 마음이 같음

01 이 글에서 알 수 있는 내용이 <u>아닌</u> 것은 무엇인가요? [✎]

① 각 명절의 뜻
② 각 명절의 시기
③ 각 명절에 입는 옷
④ 각 명절에 먹는 음식
⑤ 각 명절에 하는 놀이

02 이 글에 나온 명절과 그 명절에 하는 일을 각각 선으로 연결하세요.

1 설	•	•	ㄱ 수리취떡, 앵두화채 등을 만들어 먹음
2 단오	•	•	ㄴ 식구들의 건강과 행복을 기원하며 아침 일찍 차례를 지냄
3 추석	•	•	ㄷ 한 해 농사의 수확 후 잔치를 벌이며 조상들께 감사함을 전함
4 정월 대보름	•	•	ㄹ 외양간 앞에 상을 차려 일 년 내내 소가 농사일을 잘하기를 기원함

03 이 글을 읽은 후의 반응으로 알맞지 <u>않은</u> 것은 무엇일까요? [✎]

① 우리나라의 대표 명절은 모두 농사와 깊은 관련이 있구나.
② 명절마다 기념하는 시기와 먹는 음식, 하는 놀이에는 차이가 있구나.
③ 추석에는 오곡밥을 먹으면서 달집태우기와 같은 놀이를 즐겨 했구나.
④ 설은 한 해 농사를 시작하는 날이라 조상님들이 설을 조심스럽게 맞이했구나.
⑤ 단오는 모내기가 끝난 후에 풍작을 바라던 조상님들의 마음이 담긴 명절이구나.

04 이 글의 중심 내용을 한 문장으로 완성해 보세요.

우리나라의 대표 명절인 설, 정월 대보름, 단오, 추석은 모두 ✎ _____

_____, 풍년을 바라고 조상에게 감사하는 마음을 전하는 날이다.

01 다음 낱말의 뜻을 찾아 바르게 연결해 보세요.

1 성묘 •

2 풍요 •

3 농사력 •

• ㄱ 흠뻑 많아서 넉넉함

• ㄴ 조상의 산소를 찾아가서 돌봄. 또는 그런 일

• ㄷ 자연 현상이나 동식물의 상태에 따라 농사짓는 절기를 나타낸 달력이나 도표

02 다음 낱말에 대한 설명이 맞으면 ○, 틀리면 ✕ 표시를 하세요.

1 '기원하다'는 바라는 일이 이루어지기를 빈다는 의미이다. [○ / ✕]

2 풀이나 나무가 자라서 우거져 있는 모습을 '무성하다'라고 표현한다. [○ / ✕]

3 '풍년'은 곡식이 잘 자라지 못해서 평년보다 수확이 적은 해를 뜻한다. [○ / ✕]

03 제시된 뜻과 예문을 참고하여 다음 초성에 해당하는 낱말을 빈칸에 쓰세요.

1 ㅅ ㅈ 하다: 매우 조심스럽다.

예 우리는 이 계획에 대해 좀 더 (   )하게 생각해 보기로 했다.

2 ㄱ ㅂ 하다: 바탕이나 토대를 두다.

예 요즘 실화에 (   )한 영화가 큰 인기를 끌고 있다.

3 ㅈ ㅁ 하다: 필요한 것을 사거나 만들거나 하여 갖추다.

예 설거지를 더 편하게 하기 위해서 식기 세척기를 (   )했다.

웨어러블 디바이스

❶ 이제는 스마트폰을 들고 다니지 않는 사람을 보기 힘들 정도로 '손 안의 작은 컴퓨터'라고 불리는 스마트폰의 사용이 일상화되었다. 스마트폰으로 언제 어디서나 인터넷을 이용해서 정보를 주고받을 수 있게 된 것이다. 최근에는 스마트폰이나 태블릿 피시처럼 손으로 들고 다니는 기기에서 나아가 몸에 착용하는 형태로 된 기기들이 등장하고 있다. 이렇게 입거나, 쓰거나, 신거나, 찰 수 있는 형태의 기기를 '웨어러블 디바이스'라고 한다. '웨어러블(wearable)'은 착용할 수 있다는 의미이고, '디바이스(device)'는 장치나 기기를 의미한다.

❷ 그렇다면 웨어러블 디바이스에는 어떤 종류가 있으며, 어떤 특징이 있는지 살펴보자. 디바이스의 착용 위치에 따라 그 종류를 나누어 볼 수 있는데, 머리나 얼굴에 착용하는 것으로는 헤드 밴드나 안경 형태의 디바이스가 있다. 팔에 착용하는 것으로는 시계나 손목 밴드 형태의 디바이스가 있다. 티셔츠와 바지 같이 몸에 착용하는 옷 형태의 디바이스도 있으며, 발에 착용하는 양말이나 신발 형태의 디바이스도 있다. 이 중에서도 대표적인 웨어러블 디바이스로는 안경 형태와 시계 형태를 들 수 있다.

❸ 먼저 안경 형태의 웨어러블 디바이스의 특징과 용도를 알아보자. 주로 스마트 글라스라고 부르는데, 보통 디스플레이와 카메라를 갖추고 있다. 디스플레이란 스마트 글라스를 쓴 사람만 볼 수 있는 화면으로, 한쪽 눈으로 보는 형태도 있고 양쪽 눈으로 보는 형태도 있다. 착용자는 이 화면을 통해 정보를 확인하거나 화면 속 가상 현실 안에서 여러 활동을 즐길 수 있다. 스마트 글라스에는 카메라가 있어서 착용자의 음성이나 시선만으로 사진을 찍거나 동영상을 촬영할 수 있고, 착용자가 보는 장면을 다른 사람과 공유할 수도 있다.

❹ 시계 형태의 웨어러블 디바이스는 주로 스마트 워치라고 부르는데, 이는 시계에 있는 디스플레이 화면에 정보가 표시된다. 스마트 워치는 스마트폰과 연결하여 메시지와 메일을 받아 보거나, 전화 통화를 하거나, 날씨와 위치를 확인할 수 있다. 또 운동량, 수면 시간 등을 기록하여 건강을 관리하는 용도로도 쓸 수 있다. 안경이나 시계 형태 외에도 헤드 밴드나 손목 밴드, 의복 등의 형태를 한 디바이스도 꾸준히 개발되고 있다. 웨어러블 디바이스는 건강 관리를 위해 개발되는 경우도 많다. 기기에 장착된 센서로 뇌파를 기록하여 착용자의 스트레스와 집중도를 분석한 정보를 보여 주는 헤드 밴드형 디바이스나 착용자의 자세를 체크하여 바른 자세를 지니게 해 주는 벨트형 디바이스가 개발되기도 하였다.

5 웨어러블 디바이스를 활용하면 우리는 다양한 편리와 혜택을 누릴 수 있다. 일단 스마트 기기를 손에 들고 다닐 필요가 없으므로 두 손이 자유로워진다. 또 기기를 꺼낼 필요 없이 바로 정보를 확인하고, 필요한 경우에는 저장할 수 있다. 생각나는 것을 바로 음성으로 저장하거나 지금 보는 것을 바로 시각적 이미지로 저장할 수 있는 것이다. 기기가 몸에 부착되어 있기 때문에 건강 관리에도 유용하게 사용할 수 있다. 각종 센서를 활용하여 그때그때의 몸 상태를 즉각적으로 확인할 수 있기 때문이다. 웨어러블 디바이스는 게임에도 많이 활용되고 있다. 증강 현실이나 가상 현실을 이용한 게임을 생생하게 즐길 수 있고, 다른 디바이스와 연동하여 현실을 게임에 반영하는 것도 가능하다.

◆ **뇌파**: 뇌의 활동에 의하여 일어나는 전류
◆ **연동하여**: 기계나 장치 따위에서, 한 부분을 움직이면 연결되어 있는 다른 부분도 잇따라 함께 움직여

≫ 글 내용 한눈에 보기 ●●●

1 ⬜ㅇ ㅇ ㄹ ㅂ⬜ 디바이스의 종류	• 착용하는 위치에 따라 다양한 형태의 웨어러블 디바이스가 있음 • 대표적으로 안경 형태와 **2** ⬜ㅅ ㄱ⬜ 형태가 있음
웨어러블 디바이스의 특징	• 안경 형태: **3** ⬜ㄷ ㅅ ㅍ ㄹ ㅇ⬜와 카메라를 갖추고 있으며, 가상 현실을 즐길 수 있음 • 시계 형태: 시계의 디스플레이 화면에 정보가 표시되고, 스마트폰과 연결하여 다양한 기능을 사용할 수 있음. 건강을 관리하는 용도로도 사용할 수 있음
웨어러블 디바이스의 장점	• 몸에 착용하는 것이므로 두 **4** ⬜ㅅ⬜이 자유로워짐 • 기기를 꺼낼 필요 없이 바로 정보를 확인하고 저장할 수 있음 • 각종 센서를 활용하여 몸 상태를 즉각적으로 확인할 수 있음 • 증강 현실이나 가상 현실을 이용한 **5** ⬜ㄱ ㅇ⬜을 생생하게 즐길 수 있음

글을 이해해요

내용 이해

01 웨어러블 디바이스에 대한 설명으로 알맞은 것은 무엇인가요? [✎   ]

① 다른 스마트 기기와 연결되지 않는다.

② 직접 손으로 만져서 조작하는 것만 가능하다.

③ 현재는 시계 형태의 디바이스만 개발되어 있다.

④ 지니고 다니기 위해서는 따로 보관용 가방이 필요하다.

⑤ 몸에 착용하는 형태의 다양한 스마트 기기들을 의미한다.

내용 추론

02 이 글로 보아 시계 형태의 웨어러블 디바이스를 이용한 사례로 보기 <u>어려운</u> 것은 무엇일까요? [✎   ]

① 지금 있는 곳의 위치를 확인했다.

② 음성으로 상대방에게 전화를 걸었다.

③ 달리기를 하고 바로 그 거리를 확인했다.

④ 시계 디스플레이 화면으로 날씨를 확인했다.

⑤ 뇌파를 측정하여 스트레스 정도를 분석했다.

내용 비판

03 웨어러블 디바이스의 장점이 <u>아닌</u> 것은 무엇일까요? [✎   ]

① 한 번 충전하면 영구적으로 사용할 수 있다.

② 자신의 건강 상태를 즉각적으로 확인할 수 있다.

③ 손에 들고 다닐 필요가 없어서 두 손이 자유로워진다.

④ 기록하고 싶은 눈앞의 장면을 바로 이미지로 저장할 수 있다.

⑤ 증강 현실이나 가상 현실을 이용한 게임을 생생하게 즐길 수 있다.

중심 내용 쓰기

04 이 글의 중심 내용을 한 문장으로 완성해 보세요.

웨어러블 디바이스는 ✎_____의 기기로,
안경과 시계를 비롯한 여러 형태가 있으며, 이를 활용하여 우리는 다양한 편리와 혜택
을 누릴 수 있다.

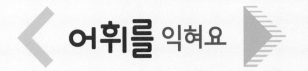

01 제시된 뜻과 예문을 참고하여 다음 초성에 해당하는 낱말을 빈칸에 쓰세요.

① ㄴ ㅍ : 뇌의 활동에 의하여 일어나는 전류

예 명상을 하면 머리가 맑아지고 ( )가 고요해지는 효과가 있다.

② ㅇ ㅅ ㅎ 되다: 날마다 늘 있는 일이 되다.

예 아침마다 따뜻한 물 한 잔을 마시는 일이 ( )되었다.

③ ㄷ ㅂ ㅇ ㅅ : 어떤 특정한 목적을 위하여 구성한 기계적·전기적·전자적인 장치

예 최근 스마트폰과 같은 모바일 ( )를 이용하여 계좌 이체를 하는 일은 자연스러운 일상이 되었다.

02 다음 문장의 괄호 안에 들어갈 알맞은 낱말을 골라 보세요.

① 약국 문에는 휴업 안내문이 [**밀착** / **부착**]되어 있었다.

② 새로운 대학 입시 정책이 발표되자마자 학부모 단체는 [**감각적** / **즉각적**]인 반대 입장을 내놓았다.

03 다음 문장에 들어갈 알맞은 낱말을 **보기**에서 찾아 쓰세요.

보기

| 개발되다 | 반영하다 | 분석하다 | 연동하다 | 장착되다 |

① 정치인들은 민심을 정치에 □□ 하려고 더 많이 노력해야 한다.

② 어머니는 할아버지의 건강을 위해 안마기가 □□ 된 의자를 사 오셨다.

③ 항공기는 조종 장치와 항공기 구성품이 서로 잘 □□ 할 수 있게 설계해야 한다.

13 아름다운 거래, 공정 무역

1 우리가 먹는 초콜릿의 원료는 카카오나무의 열매인데, 이 나무는 열대 지방의 습기가 많고 그늘진 곳에서만 자란다. 그렇기 때문에 우리나라를 비롯한 많은 나라가 초콜릿의 원료인 카카오를 수입해야만 한다. 카카오의 약 70 %는 서아프리카의 소규모 농장에서 재배되고 있다. 이곳에서 일하는 사람들은 일주일 내내 고된 노동에 시달리지만 하루에 버는 돈이 우리나라 돈으로 약 이천 원밖에 되지 않는다. 카카오를 수입하는 나라나 기업이 터무니없이 싼 가격에 카카오를 사 가기 때문이다. 그렇기 때문에 이곳에서 일하는 사람들은 오랜 시간 노동을 해도 가난에서 벗어나지 못한다. 게다가 농장에서는 품삯이 싼 일꾼을 구하다 보니 심한 경우에는 어른도 하기 힘든 농장 일을 아이들을 끌고 와 시키기까지 한다. 과연 이것이 옳은 일일까?

2 세계화가 이루어짐으로써 나라 사이의 무역은 빠르게 증가하였다. 무역이란 나라와 나라 사이에 이익을 위해 재화나 서비스를 사고파는 것을 의미한다. 우리가 일상생활에서 자주 대하는 초콜릿, 설탕, 커피와 같은 먹거리들이나 저렴한 의류는 개발 도상국에서 주로 생산하여 선진국으로 수입된다. 하지만 이러한 제품들을 수입해서 소비하는 선진국은 자기 나라의 이익만을 위해 불공정한 방식으로 무역을 하는 경우가 많다. 원재료를 터무니없이 낮은 가격에 사는 것처럼 말이다. 앞서 살펴보았던 카카오 농장의 이야기가 이 경우에 해당한다.

3 공정 무역은 선진국이 이익을 독차지하는 불공정한 무역 형태를 공정하게 바꾸고, 개발 도상국의 빈곤 문제를 해결하기 위해 시작된 국제적인 운동이다. 한마디로 개발 도상국 생산자의 경제적 자립을 돕고 그들에게 좀 더 유리한 무역 조건을 제공하여 지속 가능한 발전을 하도록 하는 무역 형태를 말한다. 이러한 무역 형태는 단지 개발 도상국 생산자에게만 유리한 것은 아니다. 소비자 역시 믿을 수 있는 먹거리를 제공받을 수 있고, 정당한 노동의 대가를 제공함으로써 빈곤 때문에 고통받는 생산자를 도울 수 있다. 이러한 공정 무역은 오른쪽 내용과 같은 원칙을 바탕으로 이루어지고 있다.

공정 무역

- 경제적으로 소외된 생산자가 시장에 접근할 기회를 높인다.
- 소비자는 정당한 가격을 지불하여 수입한다.
- 생산자에게 양호한 노동 환경을 제공한다.
- 아동 노동, 강제 노동을 금지한다.

4 그렇다면 공정 무역이 잘 이루어지도록 하기 위해 개인이 할 수 있는 일은 무엇일까? 먼저 공정 무역 인증 마크가 붙은 상품을 구입하는 방법이 있다. 이 마크는 국제 공정 무역 기구에서 부여하는 마크로, 까다로운 공정 무역 기준을 통과한 상품에만 붙일 수 있다. 그리고 물건을 살 때 과연 이 물건이 어떤 과정을 거쳐 우리 손까지 오게 됐는지를 따져 보는 것도 중요하다. 한 사람 한 사람의 관심이 모이면 그 과정은 점점 투명해질 것이다. 노동에 대한 정당한 대가를 지불하는 소비야말로 진정 아름다운 소비가 아닐까?

▲ 공정 무역 인증 마크

◆ **재화:** 사람이 바라는 바를 충족시켜 주는 모든 물건
◆ **개발 도상국:** 산업의 근대화와 경제 개발이 선진국에 비하여 뒤떨어진 나라
◆ **불공정한:** 공평하고 올바르지 아니한

≫ 글 내용 한눈에 보기 ●●●

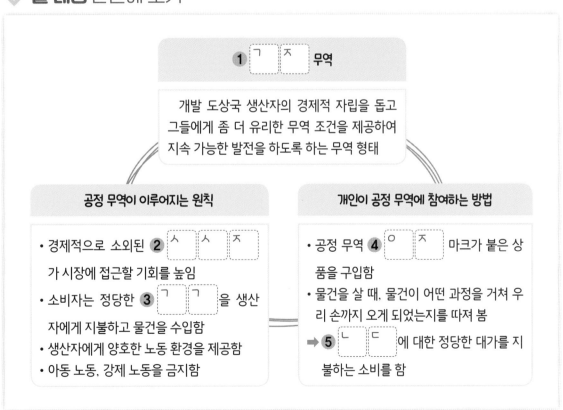

1 ㄱ ㅈ 무역

개발 도상국 생산자의 경제적 자립을 돕고 그들에게 좀 더 유리한 무역 조건을 제공하여 지속 가능한 발전을 하도록 하는 무역 형태

공정 무역이 이루어지는 원칙

• 경제적으로 소외된 **2** ㅅ ㅅ ㅈ 가 시장에 접근할 기회를 높임
• 소비자는 정당한 **3** ㄱ ㄱ 을 생산자에게 지불하고 물건을 수입함
• 생산자에게 양호한 노동 환경을 제공함
• 아동 노동, 강제 노동을 금지함

개인이 공정 무역에 참여하는 방법

• 공정 무역 **4** ㅇ ㅈ 마크가 붙은 상품을 구입함
• 물건을 살 때, 물건이 어떤 과정을 거쳐 우리 손까지 오게 되었는지를 따져 봄
➡ **5** ㄴ ㄷ 에 대한 정당한 대가를 지불하는 소비를 함

내용 추론

01 글쓴이가 카카오 농장의 이야기로 글을 시작한 이유가 <u>아닌</u> 것은 무엇일까요?

[ ]

① 초콜릿은 카카오 열매로 만든다는 사실을 알려 주려고
② 어린아이들까지 힘든 농장 일을 하는 상황임을 보여 주려고
③ 개발 도상국 생산자가 고된 노동에 시달리고 있음을 보여 주려고
④ 선진국이 카카오를 싼 가격에 사 가는 것이 왜 문제인지 알려 주려고
⑤ 개발 도상국 생산자가 제대로 임금을 받지 못하고 있음을 알려 주려고

내용 이해

02 공정 무역에 대한 설명으로 알맞지 <u>않은</u> 것은 무엇인가요?

[ ]

① 개발 도상국의 빈곤 문제를 해결하기 위한 국제적인 운동이다.
② 개발 도상국 생산자의 경제적 자립을 돕기 위한 무역 형태이다.
③ 선진국이 이익을 독차지하지 않고 공정하게 거래하는 방식이다.
④ 개발 도상국 생산자에게 좋은 노동 환경을 보장하려는 무역 형태이다.
⑤ 개발 도상국 생산자의 이익만을 보장하여 소비자에게는 불리한 제도이다.

내용 비판

03 다음은 이 글을 읽고 난 친구들의 반응입니다. 글쓴이의 의도를 잘못 파악한 친구는 누구인지 쓰세요.

[ ]

> **서형**
> 초콜릿을 살 때 공정 무역 인증 마크가 있는 제품인지 확인했어.

> **진원**
> 옷을 살 때 그 옷이 공정한 방식으로 생산된 것인지 인터넷에서 찾아봤어.

> **경빈**
> 엄마께 앞으로는 커피를 절대 마시지 말아 달라고 부탁드렸어.

중심 내용 쓰기

04 이 글의 중심 내용을 한 문장으로 완성해 보세요.

> 공정 무역은 개발 도상국 생산자에게 좀 더 유리한 무역 조건을 제공하여 지속 가능한 발전을 하도록 하는 무역 형태로, ✎_____를 지불하는 아름다운 거래이다.

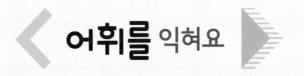

01 다음 낱말의 뜻을 찾아 바르게 연결해 보세요.

1 대가 •

2 빈곤 •

3 재화 •

• ㄱ 가난하여 살기가 어려움

• ㄴ 사람이 바라는 바를 충족시켜 주는 모든 물건

• ㄷ 일을 하고 그에 대한 값으로 받는 돈이나 물품

02 다음 낱말에 대한 설명이 맞으면 ○, 틀리면 ✕ 표시를 하세요.

1 '불공정하다'는 공평하고 올바르지 않다는 뜻이다. [○ / ✕]

2 '개발 도상국'은 경제 개발이 선진국에 비해 앞서는 나라를 일컫는다. [○ / ✕]

3 어떠한 문서나 행위가 정당한 절차로 이루어졌음을 공적 기관이 증명하는 것을 '인증'이라고 한다. [○ / ✕]

03 제시된 뜻과 예문을 참고하여 다음 초성에 해당하는 낱말을 빈칸에 쓰세요.

1 ㄷ ㅊ ㅈ 하다: 혼자서 모두 차지하다.

예 막내는 언제나 부모님의 사랑을 (　　　　)했다.

2 ㅈ ㄷ 하다: 이치에 맞아 올바르고 마땅하다.

예 일을 열심히 했으니 (　　　　)한 노동의 대가를 주십시오.

3 ㅈ ㅂ 하다: 돈을 내어 주다. 또는 값을 치르다.

예 내가 밥값을 계산하려고 하면 친구가 항상 먼저 금액을 (　　　　)하곤 했다.

14 한류가 힘이다

① 나라와 나라는 정치적·경제적·문화적으로 외교 관계를 맺고 서로 영향을 주고받는다. 이때 한 나라가 다른 나라에 영향을 주는 힘에는 하드 파워와 소프트 파워가 있다. 하드 파워는 군사력이나 경제력으로 상대를 압박하는 힘을 말한다. 반면 소프트 파워는 이와 대응되는 개념으로 학문, 교육, 문화, 예술 등으로 상대에게 영향을 주는 힘을 말한다. 하드 파워가 강제적으로 상대를 순응하게 만드는 것이라면, 소프트 파워는 상대가 자발적으로 순응하도록 한다는 점이 다르다. 소프트 파워는 21세기에 들어서 생겨난 개념으로 점점 중요성이 커지고 있다. 물론 하드 파워는 여전히 강력한 힘이고, 하드 파워가 강한 나라일수록 소프트 파워가 강하다는 것도 부정할 수 없다. 그러나 문화의 세기인 21세기에 인간의 창조성을 기반으로 한 소프트 파워의 중요성은 그 어느 때보다도 강조될 것으로 예상된다.

② 이처럼 소프트 파워의 중요성이 그 어느 때보다 강조되는 시대에, 한류는 우리나라의 소프트 파워로서 큰 역할을 하고 있다. 한류가 우리나라의 높은 문화적 감수성을 외국에 알리고 있는 것이다. 드라마, 가요, 영화 등의 대중문화는 물론 음식 문화, 화장품이나 의류 같은 패션 문화까지 한류가 널리 퍼지고 있는 추세이다. 우리나라의 가수, 탤런트, 영화배우의 인기가 세계적으로 높아지고 있으며, 나아가 한국이라는 나라와 한국인에 대한 관심과 애정이 생겨 한국어를 배우거나 한국 문화를 공부하는 외국인들도 늘고 있다. 전 세계에서 유일한 분단국가 정도로만 알려져 있던 한국이 이제는 세계의 문화를 이끌어 가는 나라가 된 것이다.

③ 다양한 한류 문화 콘텐츠가 전 세계로 수출되면서 자연스럽게 경제적 이익이 뒤따라오고 있다. 우리나라가 해외에서 벌어들이는 순수익을 살펴보면, 한류와 관련성이 높은 영상과 음악, 게임 부문에서 가장 많이 수익이 나는 것을 알 수 있다. 또 이러한 문화 콘텐츠의 인기에 힘입어 가전제품, 자동차, 휴대 기기와 같은 한국 제품에 대한 관심도 높아지고 있다.

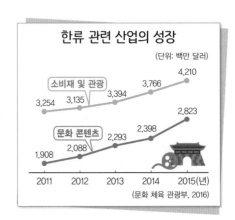

한류 관련 산업의 성장

(단위: 백만 달러)

소비재 및 관광

3,254 3,135 3,394 3,766 4,210

문화 콘텐츠

1,908 2,088 2,293 2,398 2,823

2011 2012 2013 2014 2015(년)

(문화 체육 관광부, 2016)

④ 그렇다면 무엇이 오늘날의 한류 열풍을 가능하게 만들었을까? 바로 다양하고 질 좋은 한류 문화 콘텐츠가 유튜브, SNS와 같은 온라인 매체에 힘입어서 전 세계로 퍼져 나갔기

때문이다. 그리하여 해외에서도 인터넷에 접속만 하면 언제든지 자신의 관심 분야에 맞는 한류 문화 콘텐츠를 소비할 수 있게 되었다. 더 나아가 소비자들이 스스로 한류 관련 콘텐츠를 만들어 인터넷상에 올림으로써 한류 문화 콘텐츠가 자연스럽게 재생산되어 널리 퍼지고 있다.

5 1990년대 말부터 아시아에서 불기 시작한 한류 열풍은 이제 아시아를 넘어서 전 세계로 퍼지고 있다. 이미 인기가 높은 케이팝(K-pop), 케이뷰티(K-beauty)뿐만 아니라 케이푸드(K-food), 케이스포츠(K-sport), 케이무비(K-movie) 등 더 많은 분야에 '코리아'라는 글자가 앞에 새겨질 것이다. 세계를 움직이는 부드러운 힘인 소프트 파워, 그 중심에는 바로 한류가 있다.

◆ **순응하게:** 환경이나 변화에 적응하여 익숙해지거나 체계, 명령 따위에 적응하여 따르게
◆ **감수성:** 외부 세계의 자극을 받아들이고 느끼는 성질
◆ **순수익:** 총이익에서 영업비, 잡비 따위의 총비용을 빼고 남은 순수하고 완전한 이익

≫ 글 내용 한눈에 보기 ●●●

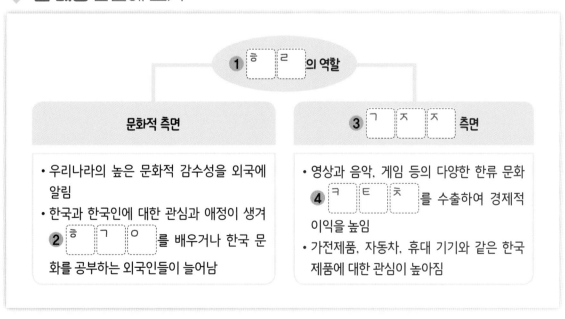

1 ㅎ ㄹ 의 역할

문화적 측면
• 우리나라의 높은 문화적 감수성을 외국에 알림
• 한국과 한국인에 대한 관심과 애정이 생겨 2 ㅎ ㄱ ㅇ 를 배우거나 한국 문화를 공부하는 외국인들이 늘어남

3 ㄱ ㅈ ㅈ **측면**
• 영상과 음악, 게임 등의 다양한 한류 문화 4 ㅋ ㅌ ㅊ 를 수출하여 경제적 이익을 높임
• 가전제품, 자동차, 휴대 기기와 같은 한국 제품에 대한 관심이 높아짐

글을 이해해요

내용 추론

01 이 글을 이해한 내용으로 알맞은 것은 무엇일까요?

① 현재 한류는 아시아 지역에만 영향을 미치고 있다.
② 하드 파워가 강한 나라일수록 소프트 파워는 약하다.
③ 한류는 하드 파워로서 우리나라의 힘을 키워 주고 있다.
④ 한국 대중문화의 열풍은 2010년 이후 갑자기 시작되었다.
⑤ 한류의 인기가 높아짐에 따라 경제적 효과도 늘어나고 있다.

내용 추론

02 글쓴이가 말하는 한류 열풍의 사례로 보기 어려운 것은 무엇일까요?

① 김치, 라면, 아이스크림 등 한국 음식의 수출이 늘고 있다.
② 한국이 전 세계에서 유일한 분단국가임이 널리 알려지고 있다.
③ 한국 드라마를 보기 위해 한국어를 배우는 외국인들이 늘고 있다.
④ 케이팝, 케이뷰티 등을 다루는 유튜브 채널을 전 세계의 구독자가 보고 있다.
⑤ 케이팝의 노래, 춤, 스타일을 그대로 따라 하는 커버 댄스가 인기를 끌고 있다.

내용 이해

03 하드 파워와 소프트 파워를 비교할 때, 빈칸에 들어갈 알맞은 말을 쓰세요.

- **1** ☐ 경제력으로 상대를 압박하는 힘

- 강제적으로 상대를 순응하게 만드는 힘

하드 파워 **소프트 파워**

- 학문, 교육, 문화, 예술로 상대에게 영향을 주는 힘

- 상대가 **2** ☐ 으로 순응하게 만드는 힘

중심 내용 쓰기

04 이 글의 중심 내용을 한 문장으로 완성해 보세요.

오늘날 한류는 우리나라의 ✎_____ 을 외국에 알리고 있고, 많은 경제적 이익을 가져오고 있으며, 여러 온라인 매체를 통해 전 세계로 퍼지고 있다.

01 다음 낱말의 뜻을 찾아 바르게 연결해 보세요.

1 감수성 •

2 강제적 •

3 창조성 •

• **ㄱ** 전에 없던 것을 처음으로 만드는 성질

• **ㄴ** 외부 세계의 자극을 받아들이고 느끼는 성질

• **ㄷ** 권력이나 위력으로 남의 자유의사를 억눌러 원하지 않는 일을 억지로 시키는 것

02 제시된 뜻과 예문을 참고하여 다음 초성에 해당하는 낱말을 빈칸에 쓰세요.

1 ㅇ ㅂ 하다: 기운을 못 펴게 세력으로 내리누르다.

예 일등이 되고 나니 일등 자리를 지켜야 한다는 부담감이 나를 (   )했다.

2 ㅅ ㅅ ㅇ : 총이익에서 영업비, 잡비 따위의 총비용을 빼고 남은 순수하고 완전한 이익

예 올해 우리 회사는 (   )이 작년에 비해 두 배나 증가하였다.

3 ㅅ ㅇ 하다: 환경이나 변화에 적응하여 익숙해지거나 체계, 명령 따위에 적응하여 따르다.

예 나는 지금까지 늘 현실에 (   )하며 살아왔다.

03 다음 문장의 괄호 안에 들어갈 알맞은 낱말을 골라 보세요.

1 요즘 가요계에서는 랩의 [대응 / 열풍]이 불고 있다.

2 나는 누가 시킨 것도 아닌데 [강제적 / 자발적]으로 봉사 활동에 참여하였다.

3 비닐 [재생산 / 재조직]을 위해서 올해부터 비닐을 만드는 업체에게 일정한 양의 폐품을 거두어 가도록 하였다.

15 암호를 풀어라

1. '암호'라는 말은 그리스어의 '비밀'이라는 말에서 왔다. 중요한 정보를 다른 사람은 모르게 비밀스럽게 전하는 방법, 즉 평문을 해독 불가능한 형태로 변형하거나, 암호문을 해독 가능한 상태로 변환하는 모든 원리, 방법을 '암호'라고 한다. 평문은 변형이 없는 보통의 글을 말하고, 암호문은 평문을 변형하여 암호로 쓴 글을 말한다. 평문을 암호문으로 바꾸는 과정을 '암호화'라고 하고, 암호문을 평문으로 바꾸는 과정을 '복호화'라고 한다.

2. 그렇다면 처음 쓰인 암호는 어떤 방식이었을까? 고대 그리스의 스파르타 지역에서는 전쟁 시에 비밀 정보를 교환하기 위해 '스키테일 암호'라는 방식을 사용하였다. 전쟁 중에 전해야 할 비밀 메시지가 생기면 스키테일에 양피지를 위에서 아래로 감고, 비밀 메시지를 가로로 적은 후 양피지를 풀어 상대에게 전했다. 중간에 적군이 양피지를 빼앗더라도 암호를 만들 때 사용한 것과 똑같은 스키테일이 없으면 양피지에 적힌 암호를 풀 수 없기 때문에 비밀을 유지할 수 있었다.

3. 예를 들어 스키테일에 양피지를 감은 상태에서 가로로 'KILL KING / TOMORROW / MIDNIGHT(내일 밤에 왕을 죽여라.)'라고 썼다고 하자. 양피지를 풀면 세로로 긴 양피지에 'KTMIOILMDLONKR IIRGNOHGWT'라고 쓰여 있을 것이다. 이 암호를 해독하려면 똑같은 스키테일에 양피지를 다시 감아야만 한다.

4. 또 다른 암호 방식으로는 '시저 암호'가 있다. 로마의 황제였던 카이사르가 쓰던 암호로 시저는 카이사르를 영어식으로 표현한 이름이다. 카이사르 왕은 비밀 메시지를 보내기 위해 알파벳을 세 자리 뒤로 이동하여 암호문을 적었다. 즉 평문 문자 A는 암호 문자인 D로, 평문 문자 B는 암호 문자인 E로 바꿔 썼던 것이다.

평문 문자	A	B	C	D	E	F	G	H	I	J	K	L	M	N	O	P	Q	R	S	T	U	V	W	X	Y	Z
암호 문자	D	E	F	G	H	I	J	K	L	M	N	O	P	Q	R	S	T	U	V	W	X	Y	Z	A	B	C

▲ 시저 암호의 암호화 표 예시

5 사실 스키테일 암호나 시저 암호는 규칙만 알아내면 쉽게 해독할 수 있다. 스키테일 암호는 글자를 건너뛰면서 몇 글자마다 글자가 연결되는지를 알아내면 해독할 수 있다. 'HENTEIDTLAEAPMRCMUAK'라는 암호문은 세 글자씩 건너뛰면서 읽으면 된다. 글자를 'HENT / EIDT / LAEA / PMRC / MUAK'처럼 띄어 쓴 다음 '빨간색 → 파란색 → 초록색 → 검은색' 글자 순으로 읽어 보자. 'HELP ME I AM UNDER ATTACK(도와주세요. 공격당하고 있어요.)'라고 해독할 수 있다. 시저 암호는 원래 알파벳보다 몇 자리 뒤에 있는 알파벳으로 바꿔 쓰느냐에 따라 암호가 달라진다. 알파벳은 26자밖에 없으므로 자리 이동도 25번까지밖에 안 된다. A를 한 자리씩 이동하면 B, C, D, E, F, G, H, I, J, K, L, M, N, O, P, Q, R, S, T, U, V, W, X, Y, Z로 바꿔 쓸 수 있다. 그러므로 시저 암호는 최대로 25번까지 확인하면 암호를 풀 수 있다.

◆ **해독**: 잘 알 수 없는 암호나 기호 따위를 읽어서 풂

≫ 글 내용 한눈에 보기 ●●●

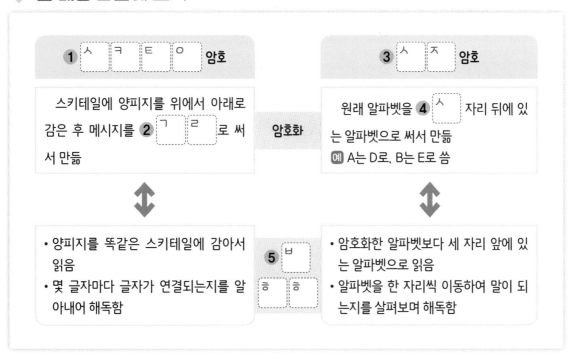

내용 이해
01 이 글의 내용으로 알맞지 <u>않은</u> 것은 무엇인가요? [✎   ]

① 암호는 암호를 만든 사람만 알아볼 수 있다.
② 암호는 중요한 정보를 비밀스럽게 전할 때 쓰인다.
③ 암호화란 평문을 암호문으로 바꾸는 과정을 말한다.
④ 암호는 암호화, 복호화를 하는 모든 원리, 방법을 말한다.
⑤ 복호화란 암호문을 다시 평문으로 바꾸는 과정을 말한다.

내용 추론
02 스키테일 암호와 시저 암호에 대한 설명으로 알맞은 것은 무엇일까요? [✎   ]

① 시저 암호를 풀기 위해서는 둥근 공이 필요하다.
② 시저 암호는 고대 그리스의 스파르타에서 처음 사용되었다.
③ 시저 암호는 최대 25번까지 문자의 자리를 확인하면 해독할 수 있다.
④ 스키테일 암호는 막대기에 양피지를 감은 뒤 메시지를 세로로 써서 만든다.
⑤ 스키테일 암호는 알파벳의 자리를 이동하여 다른 알파벳으로 표시하는 암호이다.

내용 추론
03 다음은 시저 암호에 쓰이는 원판으로 안쪽 문자는 평문 문자, 바깥쪽 문자는 암호 문자입니다. 이 원판을 보고 다음 암호를 해독하여 쓰세요.

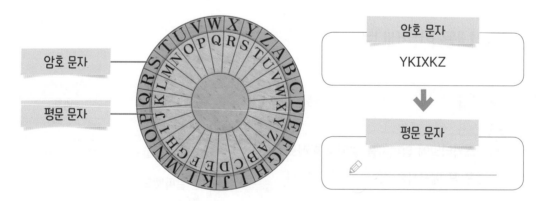

암호 문자

평문 문자

암호 문자

YKIXKZ

↓

평문 문자

✎ _____

중심 내용 쓰기
04 이 글의 중심 내용을 한 문장으로 완성해 보세요.

스키테일 암호는 스키테일에 ✎ _____ 메시지를 가로로 써서 만드므로 양피지를 똑같은 스키테일에 감아서 읽으며, ✎ _____ 는 원래 알파벳을 몇 자리 뒤에 있는 알파벳으로 바꿔 쓰므로 암호화한 알파벳보다 몇 자리 앞에 있는 알파벳으로 읽는다.

어휘를 익혀요

정답과 해설 35쪽

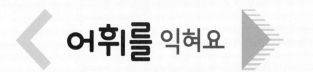

01 다음 낱말의 뜻을 찾아 바르게 연결해 보세요.

1 변형 •

2 암호 •

3 복호화 •

• ㄱ 암호문을 알기 쉽게 또는 다음 단계의 처리를 위하여 번역함

• ㄴ 모양이나 형태가 달라지거나 달라지게 함. 또는 그 달라진 형태

• ㄷ 비밀을 유지하기 위하여 당사자끼리만 알 수 있도록 꾸민 약속 기호

02 제시된 뜻과 예문을 참고하여 다음 초성에 해당하는 낱말을 빈칸에 쓰세요.

1 [ㅍ][ㅁ] : 암호 통신에서, 변형이 없는 보통의 정보

예 암호문을 (   )으로 바꾸기 위한 작업이 매우 빠른 속도로 진행되었다.

2 [ㅎ][ㄷ] : 잘 알 수 없는 암호나 기호 따위를 읽어서 풂

예 성능 좋은 컴퓨터가 널리 보급되어 있는 요즘에는 암호 (   )이 쉬워지고 있다.

03 다음 문장에 들어갈 알맞은 낱말을 보기에서 찾아 쓰세요.

보기

교환하다 변환하다 유지하다 이동하다

1 눈은 빛의 자극을 전기 신호로 [ ][ ]하여 뇌로 전달한다.

2 우리나라는 이웃 나라와 정보를 원활하게 [ ][ ]하고 있다.

16 의공학, 어디까지 발전할까

1 의공학은 의학과 공학, 자연 과학 등이 융합된 기술 분야이다. 의공학에서는 다양한 의료 기기를 개발할 뿐 아니라 의수나 의족, 인공 장기처럼 신체 부위를 대체하는 기술을 연구한다. 최근 한 뉴스에 따르면 태어날 때부터 오른팔이 없었던 아이가 두 손으로 햄버거를 먹고, 사고로 하반신이 마비되었던 남자가 19년 만에 다시 걸었다고 한다. 이 기적 같은 일이 과연 어떻게 실현된 것일까?

2 영화 속 아이언맨은 첨단 기술로 만들어진 슈트를 입는 순간 천하무적 영웅이 된다. 의공학 기기 중 '입는 로봇'을 '외골격 로봇'이라고 한다. 외골격 로봇 다리를 이용하면 하반신 마비 환자도 두 발로 걸을 수 있다. 계단을 오르거나 문턱을 넘기 어려운 휠체어의 불편함을 해소할 수 있고, 두 발로 걷고 싶다는 환자들의 꿈도 이룰 수 있는 것이다. 다만 현재의 기술로는 로봇 다리를 착용하더라도 양손에 목발 같은 지팡이를 짚어야만 걸을 수 있다는 한계가 있다.

3 원하는 대로 몸을 움직일 수 없는 파킨슨병 환자를 위한 외골격 로봇 팔도 개발되었다. 파킨슨병에 걸리면 보통 손을 심하게 떨기 때문에 물건을 집거나 문고리를 잡는 것과 같은 손동작을 하기 어렵다. 외골격 로봇 팔은 환자의 손떨림을 자동으로 감지하여 이를 줄여 주고, 환자의 의도를 읽어서 정밀한 손동작을 할 수 있게 돕는다. 이처럼 질병이나 사고로 일상생활에 어려움을 겪는 사람들의 재활을 위한 다양한 외골격 로봇이 개발되고 있다. 이 밖에 산업 현장에서 사용할 수 있는 외골격 로봇도 개발되고 있다. 건설 현장이나 공장 등에서 오랜 시간 반복적인 작업을 하는 노동자들이 외골격 로봇을 입고 일하면 신체 피로가 줄고 부상을 방지할 수도 있다.

4 좀 더 작은 의공학 기기도 있다. 청력을 거의 잃은 환자는 보청기를 사용해도 별로 효과가 없다. 이때 '인공 와우'라는 장치를 귓속에 이식하면 이런 환자도 소리를 들을 수 있다. 인공 와우는 가느다란 실처럼 생긴 연결선을 달팽이관에 집어넣어 몸 밖에 있는 마이크와 연결한 장치이다. 마이크가 소리를 감지하면 그 소리가 디지털 신호로 바뀌어, 전극을 따라 달팽이관의 청각 세포에 전달된다. 그러면 청각 신경이 뇌로 신호를 전달하여 소리를 인지할 수 있게 한다. 인공 와우를 이식한 후에는 인공 와우에 적응하는 기간이 필요하며 이식한 장치를 꾸준히 관리해야 한다.

5 의공학의 발달로 신체 일부를 위한 기기 외에도 전신 마비 환자를 위한 외골격 로봇도 개발 중이라고 한다. 이는 신체가 불편했던 사람들에게는 기쁜 소식이라 하겠다. 하지만 의공학 기기를 많은 사람들에게 보급하기 위해서는 앞으로 넘어야 할 과제도 많다. 먼저 환자들이 수백에서 수천만 원에 달하는 고가의 기기를 사용할 수 있으려면 보조금이나 건강 보험 적용 등 재정적인 지원이 필요하다. 또한 몸에 착용하는 로봇의 경우 무게가 많이 나가기 때문에 사용자가 느끼는 무게를 줄이는 기술 개발도 필요하다. 의공학 기술의 발전과 더불어 의공학 기기의 사용을 지원하는 정책도 같이 마련되기를 바란다.

◆ **외골격**: 동물체의 겉면에 있는, 몸을 보호하기 위하여 딱딱해진 구조
◆ **재정적**: 돈에 관한 여러 가지 일에 관련된 것

❱❱ **글 내용** 한눈에 보기 ●●●

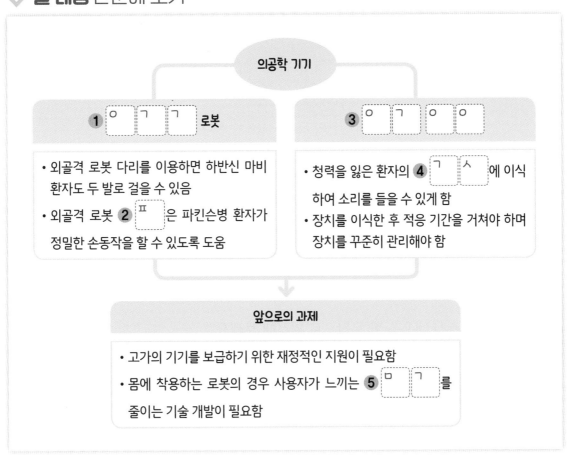

의공학 기기

1 ㅇ ㄱ ㄱ **로봇**

- 외골격 로봇 다리를 이용하면 하반신 마비 환자도 두 발로 걸을 수 있음
- 외골격 로봇 **2** ㅍ 은 파킨슨병 환자가 정밀한 손동작을 할 수 있도록 도움

3 ㅇ ㄱ ㅇ ㅇ

- 청력을 잃은 환자의 **4** ㄱ ㅅ 에 이식하여 소리를 들을 수 있게 함
- 장치를 이식한 후 적응 기간을 거쳐야 하며 장치를 꾸준히 관리해야 함

앞으로의 과제

- 고가의 기기를 보급하기 위한 재정적인 지원이 필요함
- 몸에 착용하는 로봇의 경우 사용자가 느끼는 **5** ㅁ ㄱ 를 줄이는 기술 개발이 필요함

글을 이해해요

내용 이해

01 외골격 로봇에 대한 설명으로 알맞지 <u>않은</u> 것은 무엇인가요?　[　]

① 불편한 신체 부위에 착용하며 '입는 로봇'이라고도 불린다.

② 외골격 로봇 팔은 환자의 생각에 따라 손을 움직이게 도와준다.

③ 외골격 로봇 팔은 파킨슨병 환자의 손떨림을 자동으로 완화해 준다.

④ 외골격 로봇 다리를 이용하면 하반신 마비 환자도 두 발로 걸을 수 있다.

⑤ 전신 마비 환자가 사용할 수 있는 외골격 로봇이 개발되어 널리 보급되고 있다.

내용 추론

02 보기에서 설명하는 부분을 다음 그림에서 찾아 ○ 표시를 하세요.

> **보기**
> • 인공 와우의 전극이 최종적으로 연결되는 곳
> • 이곳에 전달된 소리는 청각 신경을 통해 뇌로 전달됨

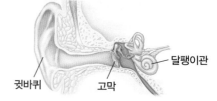

내용 추론

03 글쓴이가 의공학 기기를 보급하기 위해 해결해야 한다고 본 과제를 모두 고르세요(2개).　[　]

① 의공학 기술 개발을 위해 민간의 투자가 늘어야 한다.

② 기기를 보급하기 위한 재정 지원 정책을 마련해야 한다.

③ 실제 사용자가 무겁게 느끼지 않도록 무게를 줄여야 한다.

④ 산업 분야나 스포츠 분야로 기술을 확장하여 적용해야 한다.

⑤ 의공학 기술에 대해 사람들이 지닌 부정적 시각을 개선해야 한다.

중심 내용 쓰기

04 이 글의 중심 내용을 한 문장으로 완성해 보세요.

> 의공학의 발달로 ✎_____가 개발되어 많은 환자들의 신체적 불편함이 해소되었으나, 의공학 기기를 널리 보급하기 위해서는 아직 몇 가지 과제가 남아 있다.

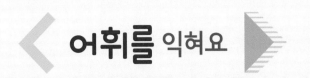

01 다음 낱말에 대한 설명이 맞으면 ◯, 틀리면 ✕ 표시를 하세요.

❶ 죽었다가 다시 살아나는 것을 '재활'이라고 한다. [◯ / ✕]

❷ '의수'란 손이 없는 사람에게 인공으로 만들어 붙이는 손을 뜻한다. [◯ / ✕]

❸ '외골격'은 몸을 보호하기 위하여 딱딱해진 구조로 동물체의 겉면에 있는 것을 말한다.

[◯ / ✕]

02 제시된 뜻과 예문을 참고하여 다음 초성에 해당하는 낱말을 빈칸에 쓰세요.

❶ ㅈ ㅈ ㅈ : 돈에 관한 여러 가지 일에 관련된 것

예 이번 행사는 한 사업가의 후원으로 (   ) 어려움 없이 잘 치를 수 있었다.

❷ ㅂ ㅊ ㄱ : 청력이 약하여 잘 들리지 아니하는 것을 보강하는 기구

예 귀가 많이 어두워지신 할머니께서는 (   )를 끼고 생활하시기 시작했다.

❸ ㅇ ㅅ 하다: 살아 있는 조직이나 장기를 생체로부터 떼어 내어, 같은 개체의 다른 부분 또는 다른 개체에 옮겨 붙이다.

예 의사는 환자에게 심장을 (   )하는 수술을 시작하였다.

03 다음 문장에 들어갈 알맞은 낱말을 보기에서 찾아 쓰세요.

보기

| 감지하다 | 대체하다 | 마비되다 | 융합되다 | 정밀하다 |

❶ 시우는 현미경으로 세포를 ☐ ☐ 하게 관찰하였다.

❷ 나는 본능적으로 위험을 ☐ ☐ 하고 그 장소를 빠져나왔다.

❸ 우리 시에서는 음악과 책, 공간이 ☐ ☐ 된 음악 전문 도서관을 열었다.

17 향신료의 특징과 효능

① 향신료란 식물의 열매나 씨앗, 껍질 등에서 얻은 것으로, 음식에 맵거나 향기로운 맛을 더하는 조미료를 일컫는다. 향신료는 아주 오래전부터 음식의 맛을 돋우기 위해 사용되어 왔으며, 과거 의학이 발달하지 않았던 시대에는 약품으로도 귀하게 사용되었다. 향신료는 오늘날에도 우리의 식생활과 건강에 아주 중요한 역할을 하고 있다.

② 계피는 세계에서 가장 오래된 향신료 중 하나로 기원전 4000년 무렵부터 이집트에서 미라의 방부제로 사용되었다. 매우면서도 달콤한 맛을 내는 계피는 서양에서는 빵, 푸딩, 케이크 등에 주로 사용되고, 우리나라에서는 수정과, 호떡, 약과 등 여러 음식에 사용되는 인기 있는 향신료이다. 계피의 주성분인 '시남알데하이드'는 따뜻한 성질을 가지고 있어 체온을 올리고 혈관을 확장하여 원활한 혈액 순환을 돕는다. 그리고 장기의 기능을 활성화해서 소화 장애가 있거나 설사가 날 때 그 증상을 완화하는 데 도움을 준다. 또한 계피의 시남알데하이드는 지방을 태우기도 하여 다이어트에 효과적이다.

③ 우리가 고기를 먹을 때 자주 곁들이는 마늘도 대표적인 향신료 중 하나이다. 마늘의 독특한 냄새와 알싸한 맛을 내는 성분인 '알리신'은 마늘이 가지고 있는 약효의 주된 성분이다. 알리신은 타액이나 소화액의 분비를 촉진하여 소화를 돕기 때문에 육류와 궁합이 잘 맞는다. 또한 알리신은 강력한 살균 작용을 해서 면역력을 강화하고 암 발생을 억제하는 데 도움을 준다. 이 밖에도 알리신은 콜레스테롤을 낮추는 효과가 있어 혈액 순환을 원활하게 해 준다.

④ 또 다른 향신료인 생강은 식욕을 돋우는 효과가 있어 여러 요리에 두루 쓰인다. 생강 특유의 맵고 싸한 맛은 '진저롤'이라는 성분 때문인데, 이 성분은 우리 몸에 다양한 이로운 기능을 한다. 진저롤은 위 점막을 자극하고 소화액의 분비를 증가시켜 위장 운동을 활발하게 해 주고 소화를 돕는다. 더불어 진저롤은 몸의 찬 기운을 밖으로 내보내고 따뜻함을 유지해 주는 효능이 있어 감기를 예방하기도 한다. 또한 진저롤은 구토나 메스꺼움 증상을 완화하여 멀미 개선 효과가 뛰어난 것으로 알려져 있다.

⑤ 지금까지 살펴본 바와 같이 향신료는 음식의 맛을 더할 뿐만 아니라 우리 몸에 유익한 여러 가지 효능을 가지고 있다. 그렇다고 해서 음식을 조리할 때 향신료를 지나치게 사용하면 오히려 문제가 될 수 있다. 향신료는 소화액의 분비를 촉진하기에 소화 궤양이나 위염이

있는 사람이 많이 섭취하면 속 쓰림이 악화되기 때문이다. 따라서 향신료의 특징과 효능을 기억하고 적절한 양으로 요리에 활용한다면 건강한 식생활을 하는 데 많은 도움이 될 것이다.

◆ **알싸한**: 매운맛이나 독한 냄새 따위로 코 속이나 혀끝이 아리고 쏘는 느낌이 있는
◆ **악화되기**: 병의 증세가 나빠지기

❥ 글 내용 한눈에 보기 ●●●

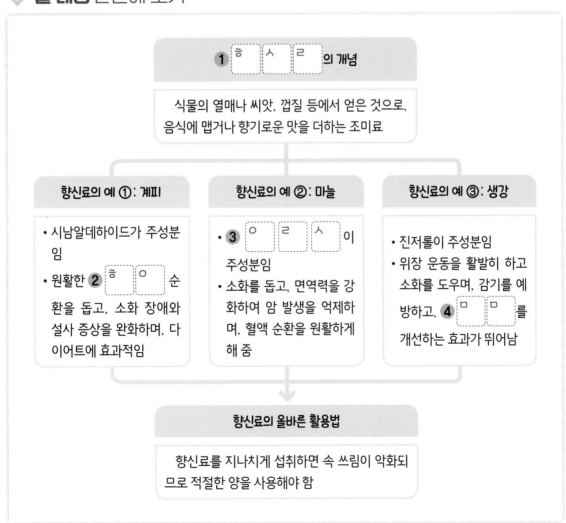

① ㅎ ㅅ ㄹ 의 개념

식물의 열매나 씨앗, 껍질 등에서 얻은 것으로, 음식에 맵거나 향기로운 맛을 더하는 조미료

향신료의 예 ①: 계피

• 시남알데하이드가 주성분임
• 원활한 **② ㅎ ㅇ** 순환을 돕고, 소화 장애와 설사 증상을 완화하며, 다이어트에 효과적임

향신료의 예 ②: 마늘

• **③ ㅇ ㄹ ㅅ** 이 주성분임
• 소화를 돕고, 면역력을 강화하여 암 발생을 억제하며, 혈액 순환을 원활하게 해 줌

향신료의 예 ③: 생강

• 진저롤이 주성분임
• 위장 운동을 활발히 하고 소화를 도우며, 감기를 예방하고, **④ ㅁ ㅁ** 를 개선하는 효과가 뛰어남

향신료의 올바른 활용법

향신료를 지나치게 섭취하면 속 쓰림이 악화되므로 적절한 양을 사용해야 함

내용 이해

01 계피에 대한 설명으로 알맞은 것은 무엇인가요? [✎   ]

① 서양보다는 우리나라에서 더 인기 있는 향신료이다.
② 다른 향신료에 비해 사용되어 온 역사가 짧은 편이다.
③ 소화를 도와주는 효능이 있어 주로 육류 요리에 쓰인다.
④ 장기의 기능을 활성화하여 설사 증상을 완화하는 효능이 있다.
⑤ 주성분인 알리신은 살균 작용이 있어 암 발생을 억제하는 데 효과적이다.

내용 이해

02 생강의 효능에 대한 설명으로 알맞지 <u>않은</u> 것은 무엇인가요? [✎   ]

① 구토나 메스꺼움 증상을 완화해 준다.
② 음식에 쓰이면 식욕을 돋우는 효과가 있다.
③ 위장 운동을 활발하게 해 주어 소화에 도움이 된다.
④ 겨울철에 몸을 따뜻하게 해 주어 감기 예방에 도움이 된다.
⑤ 위염이 있는 사람이 많이 섭취하면 속 쓰림 증상이 완화된다.

내용 비판

03 이 글을 읽은 후의 반응으로 알맞지 <u>않은</u> 것은 무엇일까요? [✎   ]

① 계피와 마늘은 모두 혈액 순환에 도움이 되는 향신료구나.
② 멀미를 심하게 할 때에는 생강을 섭취하는 것이 도움이 되겠구나.
③ 향신료는 의학이 발달하지 않았던 시절에 약품으로도 활용되었구나.
④ 향신료를 너무 많이 사용하면 몸에 안 좋은 영향을 미칠 수도 있겠구나.
⑤ 과거와 달리 오늘날에는 향신료가 우리의 식생활에서 그리 중요한 역할을 하지는 않는구나.

중심 내용 쓰기

04 이 글의 중심 내용을 한 문장으로 완성해 보세요.

> 계피, 마늘, 생강과 같은 향신료는 ✎＿＿＿＿＿＿＿＿＿＿＿＿＿ 뿐만 아니라, 우리
> 몸에 유익한 다양한 효능을 가지고 있다.

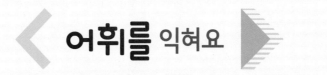

01 다음 낱말의 뜻을 찾아 바르게 연결해 보세요.

1 개선 •
2 살균 •
3 효능 •

• ㄱ 세균 따위의 미생물을 죽임

• ㄴ 일의 좋은 보람이나 어떤 작용의 결과를 나타내는 능력

• ㄷ 잘못된 것이나 부족한 것, 나쁜 것 따위를 고쳐서 더 좋게 만듦

02 제시된 뜻과 예문을 참고하여 다음 초성에 해당하는 낱말을 빈칸에 쓰세요.

1 ㅇ ㅎ 되다: 병의 증세가 나빠지다.

예 상처에 자꾸 손을 대면 병균이 묻어서 ( )되기 쉽다.

2 ㅊ ㅈ 하다: 다그쳐 빨리 나아가게 하다.

예 상품의 판매를 ( )하기 위해 인터넷 광고를 내보냈다.

3 ㅅ ㅅ ㅎ : 먹는 일이나 먹는 음식에 관한 생활

예 규칙적인 운동과 바른 ( )이 제 건강 유지의 비결입니다.

03 다음 문장에 들어갈 알맞은 낱말을 **보기**에서 찾아 쓰세요.

보기

독특하다   알싸하다   완화하다   원활하다   확장하다

1 매운 고추를 먹었더니 혀끝이 [   ]하다.

2 인공 눈물은 눈이 건조한 증상을 [   ]하는 역할을 한다.

3 가슴에 붙이는 이 패치는 기관지를 [   ]하여 가래를 배출하는 데 도움을 준다.

다른 게 틀린 건 아니야

1 오늘날 우리 사회는 인종, 민족, 종교 등에 따른 다양한 문화가 공존하는 사회로 변화하고 있다. 교통이 발달하여 국가 간에 자유롭게 이동할 수 있게 되고, 정보 통신이 발달하여 거리의 제약 없이 전 세계인이 정보를 주고받을 수 있게 되었기 때문이다. 최근에는 취업, 결혼 등으로 우리나라에 체류하는 외국인의 수가 늘어나고 있으며 그 국적도 다양해지고 있다. 한 사회 안에서 세계 각국의 다양한 문화가 만나면 여러 가지 삶의 형태를 경험할 수 있다는 이점도 있지만, 문화적 차이 때문에 오해와 갈등이 생기기도 한다.

2 처음 만난 미얀마 사람과 인사를 하는데 그 사람이 팔짱을 끼고 고개를 숙인다면 어떤 생각이 들까? '마음에 안 드는 일이 있나?', '내가 잘못한 일이 있나?' 하는 생각이 들고 당황할 것이다. 그러나 걱정과 달리 그 미얀마 사람은 반갑게 인사를 한 것이다. 팔짱을 낀 채로 고개를 숙여 인사를 하는 미얀마의 인사법은 영국의 식민 지배를 받을 때 생겨났다. 영국의 식민지 시절에 미얀마 사람들은 영국 사람에게 자신이 무기를 가지지 않았고 위험한 사람이 아님을 표현하기 위해 팔짱을 끼고 인사를 했다고 한다. 시간이 흐르면서 이 인사법이 존경의 표시로 발전하였고, 팔짱을 끼고 상대방의 이야기를 듣는 것이 상대방을 존중한다는 의미를 나타내게 되었다.

3 종교에 따라 음식 문화에 차이가 나타나기도 한다. 이슬람교를 믿는 사람들은 돼지고기를 먹지 않는다. 이들은 코란이라는 경전의 내용을 삶의 기준으로 삼고 생활한다. 경전의 내용에 따라 먹을 수 있는 것과 먹을 수 없는 것이 정해져 있는데, 그 경전에 돼지고기를 먹는 것을 금지한다는 내용이 있기 때문에 돼지고기를 멀리하게 된 것이다. 한편, 힌두교를 믿는 사람들은 소를 신성한 존재로 여기기 때문에 소고기를 먹지 않는다. 이들이 처음부터 소고기를 먹지 않았던 것은 아니다. 농사를 많이 짓게 되면서 농사일을 돕고 우유를 제공해 주는 소의 중요성이 커졌고, 소가 신이 타고 다니는 신성한 가축이라는 믿음이 더해져 소고기를 먹지 않게 된 것이다.

4 우리나라 문화에서 보면 미얀마의 인사법, 이슬람교도와 힌두교도의 음식 문화는 낯설게 느껴진다. 하지만 그들의 삶과 역사를 살펴보면 그 문화를 충분히 이해하고 인정할 수 있을 것이다. 이렇게 문화의 다양성을 인정하고, 다른 나라와 지역의 독특한 역사, 자연환경, 사회적 특징 등을 고려하여 그 문화를 이해하는 태도를 문화 상대주의라고 한다.

5 오늘날과 같은 다문화 사회에서는 다른 문화에 자기 문화의 잣대를 들이대며 함부로 해석하거나 평가하는 태도를 피하고, 서로의 다름을 인정하는 태도를 지녀야 한다. 우리의 것만이 소중하다고 주장하는 것, 반대로 다른 문화가 우수하다고 여기며 우리 문화를 낮추는 것 모두 바람직하지 않은 태도이다. 어떤 문화가 '틀리다' 혹은 '그르다'고 생각하기보다 우리 문화와 '다른' 부분을 이해하려고 노력해 보자. 그러면 보다 넓은 세상을 받아들일 수 있고, 다양한 문화를 가진 사람들과 함께 살아가는 사회를 만들 수 있을 것이다.

◆ **체류하는:** 자기 집을 멀리 떠난 곳에서 머물러 있는
◆ **신성한:** 함부로 가까이할 수 없을 만큼 고결하고 거룩한

≫ 글 내용 한눈에 보기 ●●●

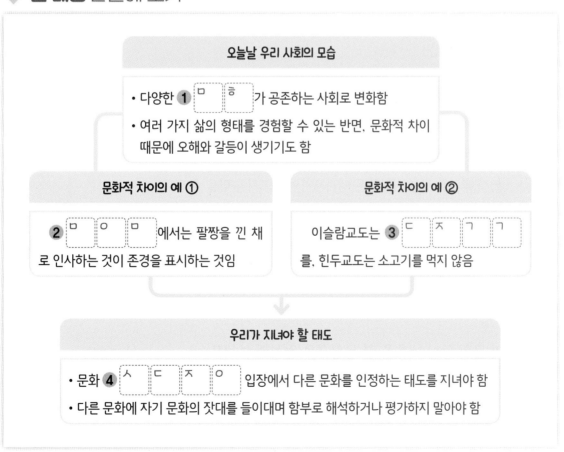

오늘날 우리 사회의 모습

• 다양한 **1** ⬚ㅁ ⬚ㅎ 가 공존하는 사회로 변화함
• 여러 가지 삶의 형태를 경험할 수 있는 반면, 문화적 차이 때문에 오해와 갈등이 생기기도 함

문화적 차이의 예 ①

2 ⬚ㅁ ⬚ㅇ ⬚ㅁ 에서는 팔짱을 낀 채로 인사하는 것이 존경을 표시하는 것임

문화적 차이의 예 ②

이슬람교도는 **3** ⬚ㄷ ⬚ㅈ ⬚ㄱ ⬚ㄱ 를, 힌두교도는 소고기를 먹지 않음

우리가 지녀야 할 태도

• 문화 **4** ⬚ㅅ ⬚ㄷ ⬚ㅈ ⬚ㅇ 입장에서 다른 문화를 인정하는 태도를 지녀야 함
• 다른 문화에 자기 문화의 잣대를 들이대며 함부로 해석하거나 평가하지 말아야 함

글을 이해해요

내용 이해

01 이 글에서 알 수 있는 내용이 <u>아닌</u> 것은 무엇인가요?   [✎   ]

① 최근 우리나라에 체류하는 외국인의 국적이 다양해졌다.
② 세계 각국으로 문화를 전파하려는 노력 때문에 교통이 발달하였다.
③ 오늘날 우리 사회는 다양한 문화가 공존하는 사회로 변화하고 있다.
④ 정보 통신이 발달함으로써 다양한 문화를 손쉽게 접할 수 있게 되었다.
⑤ 한 사회 안에서 세계의 다양한 문화가 만나면 오해와 갈등이 생기기도 한다.

내용 추론

02 다음은 미얀마의 인사법에 대한 설명입니다. 빈칸에 들어갈 알맞은 말을 쓰세요.

> 팔짱을 끼고 인사하는 미얀마의 인사법은 미얀마가 영국의 지배를 받을 당시 자신이 위험한 사람이 아니라는 것을 나타내려는 표현에서 생겨났다. 우리에게는 낯선 문화이지만 영국의 식민지였던 미얀마의 ❶ [   ]를 고려하면 이 문화를 충분히 이해할 수 있다. 이처럼 다른 문화를 그 사회가 처한 특수한 역사, 환경 속에서 이해하는 태도를 ❷ [   ]라고 한다.

내용 이해

03 이슬람교와 힌두교의 음식 문화에 대한 설명으로 알맞은 것은 무엇인가요?
   [✎   ]

① 이슬람교를 믿는 사람들은 모든 고기를 먹을 수 없다.
② 힌두교를 믿는 사람들은 돼지고기와 소고기를 먹을 수 없다.
③ 이슬람교는 특정 가축을 신성하게 여겨 그것을 먹지 못하게 했다.
④ 이슬람교에서는 먹을 수 있는 것과 먹을 수 없는 것이 정해져 있다.
⑤ 힌두교는 코란이라는 경전의 가르침에 따라 특정 가축을 먹지 못하게 했다.

중심 내용 쓰기

04 이 글의 중심 내용을 한 문장으로 완성해 보세요.

> 다양한 문화가 공존하는 오늘날 사회에서는 문화의 다양성을 인정하고, 자기 문화의 잣대로 다른 문화를 ✎ _____ 태도를 피해야 한다.

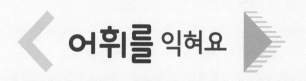

01 제시된 뜻과 예문을 참고하여 다음 초성에 해당하는 낱말을 빈칸에 쓰세요.

① [ㅅ][ㅅ]하다: 함부로 가까이할 수 없을 만큼 고결하고 거룩하다.

　예 (　　　　　)한 교회에서 폭력 사태가 일어나는 것을 두고 볼 수는 없다.

② [ㅈ][ㄷ]: 어떤 현상이나 문제를 판단하는 데 근거로 삼는 기준을 비유적으로 이르는 말

　예 외모를 (　　　　　)로 삼아 그 사람의 모든 것을 판단해서는 안 된다.

③ [ㄷ][ㅁ][ㅎ]: 한 사회 안에 여러 민족이나 여러 국가의 문화가 뒤섞여 있는 것을 이르는 말

　예 (　　　　　) 사회에서는 문화의 다양성을 인정하는 열린 자세가 필요하다.

02 다음 문장의 괄호 안에 들어갈 알맞은 낱말을 골라 보세요.

① 부모는 자녀의 인격도 [**존경** / **존중**]해 주어야 합니다.

② 그는 조직 사회의 [**비약** / **제약**]을 못 견디는 성격이라 직장을 자주 바꾸었다.

③ 나는 친구가 아무 말을 하지 않는 것을 내 생각에 동의하는 것이라고 [**해석** / **해설**]했다.

03 다음 문장에 들어갈 알맞은 낱말을 **보기**에서 찾아 쓰세요.

> **보기**
>
> 공존하다　　　우수하다　　　인정하다　　　체류하다

① 삼촌은 독일에서 1년 동안 [　][　]하실 예정이다.

② 이 소설은 여러 민족과 문화가 [　][　]하는 시대의 이야기를 담고 있다.

19 생태 발자국 줄이기

① 사람은 자연에서 자원을 얻어 경제생활을 하고, 이 과정에서 생겨나는 쓰레기를 다시 자연으로 배출한다. 생태 발자국이란 이렇게 사람이 살아가면서 자연에 남기는 발자국을 말한다. 생태 발자국은 한 사람이 사용하는 모든 자원의 생산 비용과 쓰레기 처리 비용을 땅의 넓이로 바꿔서 보여 준다. 따라서 생활 속에서 자원을 많이 소비할수록 생태 발자국은 넓어지게 된다. 2008년에 생태 발자국은 이미 지구 1.5개 정도의 넓이였다. 자원의 소비를 줄이지 않는다면 2050년에는 지구 3개 정도의 넓이에 이르게 될 것이다. 이렇게 생태 발자국이 계속해서 넓어진다면 어떤 문제점들이 발생할까?

② 첫째, 지구상의 동식물이 위기에 처한다. 콜탄이라는 광석은 주로 휴대 전화와 컴퓨터의 충전기를 만드는 데 쓰인다. 콩고 동부 지역은 전 세계 콜탄 생산의 3분의 2 이상을 차지하는데, 사람들은 콜탄 채굴을 위해 이곳의 자연을 분별없이 훼손하고 있다. 콩고 카후지-비에가 국립 공원의 숲은 콜탄 채굴 작업으로 인해 파괴되었다. 이 숲은 동부 저지 고릴라의 마지막 서식지로, 숲이 사라지면서 고릴라는 멸종 위기에 처했다. 고릴라는 개체 수의 약 80 % 정도가 감소하여 현재 3,800여 마리만이 생존한 것으로 추정된다. 이처럼 휴대 전화와 컴퓨터를 계속 새로 사들이는 소비 생활은 동식물이 살아가기 힘든 환경을 만들고 있다.

③ 둘째, 가난한 나라의 사람들이 오염된 환경 때문에 큰 건강 피해를 입는다. 중국 꿰이위 마을은 세계 최대의 전자 쓰레기 처리 지역으로, 마을 길가와 하천에는 전자 쓰레기가 가득 쌓여 있다. 이곳 아이들은 아무 보호 장비 없이 전자 쓰레기 처리 작업을 하는데, 아이들의 몸속 납 오염 정도를 조사한 결과 80 % 이상이 납 중독으로 밝혀졌다. 문제는 잘 사는 나라에서는 중고품 재사용 수요가 적고, 환경 규제로 쓰레기 처리에 돈이 많이 들다 보니 가난한 나라로 중고품을 수출해 버린다는 데 있다. 가난한 나라에서는 싼 노동 임금을 바탕으로 전자 쓰레기를 저렴하게 분리하는데, 이 쓰레기들은 미비한 환경 규제 탓에 그대로 버려져 환경을 오염시킨다. 이처럼 가난한 나라는 전자 쓰레기 처리로 작은 경제적 기회를 얻는 대신, 심각한 건강 피해와 환경 오염을 떠안게 되는 것이다.

④ 셋째, 지구 생태계 파괴로 후손들이 지구에서 살 수 없게 된다. 동식물이 멸종하면 생태계가 무너져 인간의 생존도 큰 위협을 받게 된다. 브라질의 아마존은 약 300만 종의 동식물이 살고 있고, 산소의 3분의 1 정도를 생산하는 지구의 허파이다. 하지만 열대 우림에

서 자원 생산을 위한 농업과 광업 활동이 늘어나면서 아마존은 계속해서 파괴되고 있고, 이로 인해 지구 온난화가 더욱 심각해지는 중이다. 해마다 지구 곳곳에서 발생하는 산사태, 홍수, 가뭄 등의 자연재해는 모두 지구 온난화의 결과물이다. 지금처럼 환경 파괴가 계속된다면 머지않아 지구는 그 어떤 생명체도 살 수 없는 행성이 되고 말 것이다.

⑤ 아름다운 자연을 누리며 건강하게 사는 일은 모든 사람이 원하는 것이다. 이러한 소망을 이루기 위해서는 지금부터 생태 발자국을 줄여 나가는 노력이 필요하다. 일회용품 사용 줄이기, 음식물 쓰레기 줄이기, 가전제품이나 가구 재사용하기, 꼭 필요한 물건만 사기 등의 생활 속 작은 실천으로 자원의 소비를 줄일 수 있다. 우리가 자원의 소비를 줄여 생태 발자국 크기를 줄일수록 깨끗한 환경에서 건강하게 살 수 있는 날은 늘어날 것이다.

◆ **분별없이:** 세상 물정에 대하여 옳고 그른 것을 판단할 만한 능력이 없이
◆ **미비한:** 아직 다 갖추지 못한 상태에 있는

≫ 글 내용 한눈에 보기 ●●●

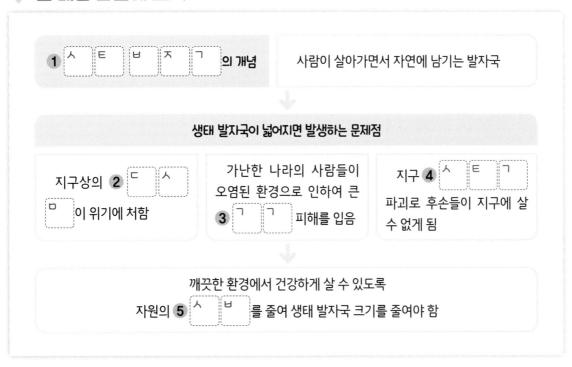

① ㅅㅌㅂㅈㄱ 의 개념 — 사람이 살아가면서 자연에 남기는 발자국

생태 발자국이 넓어지면 발생하는 문제점

지구상의 ② ㄷㅅㅁ 이 위기에 처함

가난한 나라의 사람들이 오염된 환경으로 인하여 큰 ③ ㄱㄱ 피해를 입음

지구 ④ ㅅㅌㄱ 파괴로 후손들이 지구에 살 수 없게 됨

깨끗한 환경에서 건강하게 살 수 있도록
자원의 ⑤ ㅅㅂ 를 줄여 생태 발자국 크기를 줄여야 함

내용 이해

01 다음은 콩고 동부 지역에서 발생하는 일을 정리한 것입니다. 빈칸에 들어갈 알맞은 말을 쓰세요.

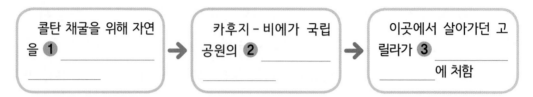

콜탄 채굴을 위해 자연을 ❶ _____	→ 카후지 - 비에가 국립 공원의 ❷ _____	→ 이곳에서 살아가던 고릴라가 ❸ _____ 에 처함

내용 비판

02 글쓴이가 이 글에서 말하고자 하는 내용으로 알맞지 <u>않은</u> 것은 무엇일까요?

[✎   ]

① 자원을 생산하기 위해 열대 우림을 파괴하는 행위는 바람직하지 않다.
② 자원의 소비를 줄여야 사람이 살아가면서 자연에 남기는 발자국을 줄일 수 있다.
③ 자연 자원을 초과해서 사용하면 식물과 동물이 지구에서 살아가기 힘든 환경이 된다.
④ 수많은 전자 쓰레기들이 가난한 나라에서 재활용되어 깨끗한 환경을 만드는 데 도움이 된다.
⑤ 지구 온난화가 심각해질수록 산사태, 홍수, 가뭄과 같은 자연재해가 더 많이 발생하게 될 것이다.

내용 추론

03 생태 발자국을 줄이기 위한 실천 방법으로 보기 <u>어려운</u> 것은 무엇일까요?

[✎   ]

① 장을 보러 갈 때 장바구니를 들고 간다.
② 급식을 받을 때 먹을 수 있는 만큼만 받는다.
③ 신제품이 나올 때마다 휴대 전화를 새로 산다.
④ 이웃이 사용하던 가구를 중고품으로 구매한다.
⑤ 마트에 가기 전에 꼭 사야 할 물건의 목록을 적어서 간다.

중심 내용 쓰기

04 이 글의 중심 내용을 한 문장으로 완성해 보세요.

> 깨끗한 환경에서 건강하게 살 수 있도록 ✎ _____ 생태 발자국 크기를 줄여 나가자.

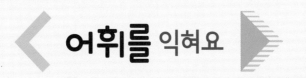

01 다음 낱말의 뜻을 찾아 바르게 연결해 보세요.

1 멸종 •

2 자원 •

3 채굴 •

• ㄱ 생물의 한 종류가 아주 없어짐

• ㄴ 땅을 파고 땅속에 묻혀 있는 광물 따위를 캐냄

• ㄷ 인간 생활 및 경제 생산에 이용되는 원료로서의 광물, 산림, 수산물 따위를 통틀어 이르는 말

02 제시된 뜻과 예문을 참고하여 다음 초성에 해당하는 낱말을 빈칸에 쓰세요.

1 ㅎ ㅅ 하다: 헐거나 깨뜨려 못 쓰게 만들다.

예 이 지역에 골프장을 지으면서 자연환경을 크게 (   )하였다.

2 ㄱ ㅈ : 규칙으로 정함. 또는 그 정하여 놓은 것

예 앞으로는 환경 보호에 관한 법률이나 (   )가 더욱 강화될 전망이다.

3 ㅂ ㅂ ㅇ ㅇ : 세상 물정에 대하여 옳고 그른 것을 판단할 만한 능력이 없이

예 외래어를 (   ) 사용하면 우리말과 우리 문화를 지킬 수 없다.

03 다음 문장에 들어갈 알맞은 낱말을 보기 에서 찾아 쓰세요.

보기

미비하다   발생하다   추정되다   파괴되다

1 이 도자기는 조선 후기의 것으로 [   ]되고 있다.

2 도로의 안전시설이 [   ]해서 교통사고가 많이 일어난다.

20 혈액 보유량 부족, 어떻게 해결할까

1 혈액은 우리의 몸속 혈관을 따라 전신을 흐르는 붉은색의 액체로, 흔히 '피'라고 부른다. 혈액은 우리 몸 구석구석을 돌며 산소와 영양분을 세포에 전달한다. 그리고 세포에서 만들어진 노폐물을 몸 밖으로 내보내는 역할을 한다. 또한 몸 밖에서 들어오는 바이러스, 세균 등으로부터 우리 몸을 보호한다. 우리 몸속에서는 매일 50 ml 정도의 혈액이 새로 생겨나며, 3~4개월이면 모두 새것으로 바뀐다. 물을 마시거나 적은 양의 출혈이 있을 때도 혈관 속을 순환하는 혈액량은 자율적으로 조절되어 전체 혈액량은 항상 일정하게 유지된다. 따라서 이렇다 할 질병이 없는 사람이라면 한 번에 400 ml 정도의 헌혈은 건강에 지장을 주지 않는다고 한다.

2 그렇다면 헌혈은 왜 필요한 것일까? 간단히 말하면, 수혈이 필요한 사람들이 있기 때문이다. 피가 부족한 위급 환자들에게 공급할 피를 얻을 수 있는 방법은 헌혈 외에는 없다. 왜냐하면 현재 기술로는 아직 인공 혈액을 만들 수 없으며, 혈액을 35일 이상 보관할 수 없기 때문이다. 그러므로 수혈이 필요한 환자들을 위해서는 많은 사람들이 지속적으로 헌혈을 해야 하고, 이를 통해 응급 상황에 사용할 수 있는 혈액을 항상 확보해 두어야 한다.

3 그러나 우리나라는 알맞은 혈액 보유량 확보에 오랫동안 어려움을 겪어 왔다. 대한 적십자사에 따르면, 현재 우리나라 국민의 헌혈률은 5.6 %로, 다른 선진국에 비해 높거나 비슷한 수준이다. 그럼에도 여전히 혈액 보유량이 부족하며, 저출산과 고령화로 인해 혈액 확보 전망이 밝지만은 않다. 특히 우리나라의 혈액 자급률은 55.1 %로, 2015년의 95.4 %보다 무려 40.3 %나 떨어졌으며, 부족한 40 %가량의 혈액을 보충하기 위해 엄청난 비용을 들여 수입하고 있다. 헌혈자가 편중되어 있는 것도 문제다. 선진국들은 보통 30~50대의 헌혈과 개인 헌혈이 많지만, 우리나라는 10~20대가 70 % 정도를 차지하고 있으며, 군인이나 학생 등의 단체 헌혈 비중이 매우 높다. 반면 수혈 빈도가 높은 60대 이상의 인구는 늘고 있어서 혈액 수급에도 불균형이 심해지고 있다.

연도	2014	2015	2016	2017	2018
16~29세	238만 명	237만 명	210만 명	208만 명	197만 명
30세 이상	67만 명	71만 명	77만 명	84만 명	91만 명
합계	305만 명	308만 명	287만 명	292만 명	288만 명

▲ 최근 5년간 연령대별 헌혈 인구(출처: 대한 적십자사)

4 이러한 문제를 해결하기 위해서는 우선, 개인의 건강을 위해 헌혈을 해야 함을 알려야 한다. 영국의 한 의학 전문지에 소개된 보고서에 따르면, 헌혈을 하면 심장 마비 위험을 대폭 줄일 수 있다. 2,682명의 중년 남성을 대상으로 한 연구 결과, 헌혈 경험이 있는 사람은 그렇지 않은 사람보다 심장 마비 발생 위험이 86 %가량 낮은 것으로 나타났다. 즉, 헌혈이 건강에 도움이 될 수 있다는 것이다. 아울러 많은 사람들에게 헌혈의 가치를 일깨움으로써, 적극적이고 지속적으로 헌혈에 참여할 수 있도록 이끌어 나가는 것이 중요하다.

◆ **헌혈**: 수혈(건강한 사람의 혈액을 환자의 혈관 내에 주입하는 것)이 필요한 환자를 위해 피를 뽑아 줌
◆ **편중되어**: 한쪽으로 치우치게 되어
◆ **수급**: 수요와 공급을 아울러 이르는 말

≫ 글 내용 한눈에 보기 •••

헌혈이 건강에 지장을 주지 않는 이유	혈관 속을 ❶ [ㅅ][ㅎ]하는 혈액량은 자율적으로 조절되어 전체 혈액량은 항상 일정하게 유지되기 때문임
헌혈이 필요한 이유	❷ [ㅅ][ㅎ]이 필요한 환자들에게 혈액을 공급해야 하기 때문임
혈액 보유량이 부족한 우리나라의 현실	• 알맞은 혈액 보유량 확보에 오랫동안 어려움을 겪어 옴 • ❸ [ㅈ][ㅊ][ㅅ]과 고령화로 인해 혈액 확보 전망이 밝지 않음 • 이전에 비해 혈액 자급률이 낮아져 많은 양의 혈액을 수입함 • 헌혈자가 10~20대에 편중되어 있으며, 혈액 수급에 ❹ [ㅂ][ㄱ][ㅎ]이 심해짐
헌혈 문화를 확산시키기 위한 방안	• 헌혈이 개인의 ❺ [ㄱ][ㄱ]에 도움이 됨을 알림 • 많은 사람들에게 헌혈의 가치를 일깨워 지속적으로 헌혈에 참여할 수 있도록 이끎

글을 이해해요

내용 이해

01 혈액의 역할을 다음과 같이 정리할 때, 빈칸에 들어갈 알맞은 내용을 쓰세요.

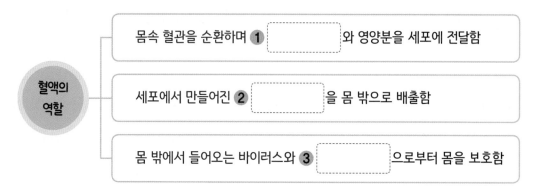

혈액의 역할

- 몸속 혈관을 순환하며 **1** ⬚ 와 영양분을 세포에 전달함
- 세포에서 만들어진 **2** ⬚ 을 몸 밖으로 배출함
- 몸 밖에서 들어오는 바이러스와 **3** ⬚ 으로부터 몸을 보호함

내용 추론

02 지속적인 헌혈이 필요한 이유로 알맞지 <u>않은</u> 것은 무엇일까요? [✎]

① 혈액을 35일 이상 보관할 수 없기 때문에
② 수혈이 필요한 위급 환자들이 있기 때문에
③ 현재 기술로는 인공 혈액을 만들 수 없기 때문에
④ 수혈할 혈액이 부족한 국가에 혈액을 나눠 줘야 하기 때문에
⑤ 필요할 때 사용할 수 있는 혈액량을 확보해 두어야 하기 때문에

내용 이해

03 헌혈 문제와 관련하여 우리나라가 처한 상황으로 알맞지 <u>않은</u> 것은 무엇인가요?

[✎]

① 헌혈자가 특정 세대에 편중되어 있다.
② 부족한 혈액을 수입에 의존하고 있다.
③ 과거에 비해 혈액 자급률이 매우 낮아졌다.
④ 저출산 및 고령화의 영향으로 혈액 확보 전망이 밝지 않다.
⑤ 60대 이상의 인구 감소로 혈액 수급에 불균형이 커지고 있다.

중심 내용 쓰기

04 이 글의 중심 내용을 한 문장으로 완성해 보세요.

혈액 보유량을 충분히 확보하기 위해서는 헌혈이 ✎＿＿＿＿＿＿＿＿＿ 이 됨을 알리고, 많은 사람들에게 ✎＿＿＿＿＿＿＿＿＿ 를 일깨움으로써 적극적이고 지속적으로 헌혈에 참여할 수 있도록 이끌어 나가야 한다.

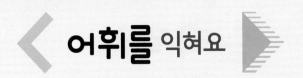
01 다음 낱말의 뜻을 찾아 바르게 연결해 보세요.

① 혈액 •

② 수혈 •

③ 헌혈 •

• ㄱ 피가 모자란 환자를 위하여 건강한 사람이 피를 뽑아 줌

• ㄴ 빈혈이나 그 밖의 치료를 위하여, 건강한 사람의 혈액을 환자의 혈관 내에 주입하는 것

• ㄷ 사람, 동물의 몸속 혈관을 돌며 산소와 영양분을 공급하고, 노폐물을 운반하는 붉은색의 액체

02 제시된 뜻과 예문을 참고하여 다음 초성에 해당하는 낱말을 빈칸에 쓰세요.

① ㅅ ㄱ : 수요와 공급을 아울러 이르는 말

예 몇몇 나라에서는 세계 각지에 식량 기지를 마련하여 식량 (　　　　) 불균형에 대비하고 있다.

② ㅂ ㄷ : 어떤 일이 되풀이되는 정도나 횟수

예 어린아이들의 스마트폰 사용 (　　　　)가 점차 높아지고 있다.

03 다음 문장에 들어갈 알맞은 낱말을 보기에서 찾아 쓰세요.

보기

노폐물　　　　보유량　　　　조절되다　　　　편중되다

① 의료 시설들이 대도시에 [　　　]되어 있는 문제를 해결해야 한다.

② 핏속의 [　　　]은 대부분이 신장에서 걸러진 후에 오줌의 형태로 배출된다.

실력 확인

▲ 글의 문단별 내용을 정리하고 주제를 써 보아요.

01 목걸이 하나로 뒤바뀐 인생

본문 8~9쪽

1문단 하급 관리의 [ ][ ]로 살아가는 삶에 만족하지 못하는 루아젤 부인

2문단 [ ][ ]에 하고 갈 만한 장신구가 없다고 투덜대는 루아젤 부인

3문단 친구에게 [ ][ ][ ]를 빌려 파티에 갔다가 돌아온 후에 없어진 다이아몬드 목걸이

4문단 다이아몬드 목걸이를 돌려주기 위해 빌린 [ ]을 갚느라 고생하는 루아젤 부부

5문단 루아젤 부인이 빌렸던 목걸이가 [ ][ ]였다는 사실을 알려 주는 포레스티에 부인

주제 어리석은 욕망 때문에 고생을 하게 된 루아젤 부인의 이야기

02 미생물이 만드는 음식

본문 12~13쪽

1문단 [ ][ ]의 개념

2문단 발효 음식의 예 ①: 간장, [ ][ ]

3문단 발효 음식의 예 ②: 요구르트, [ ][ ]

4문단 발효 음식의 예 ③: [ ], 술

5문단 발효와 [ ][ ]의 공통점과 차이점

주제 [ ][ ][ ]의 종류에 따른 발효 음식의 예와 장점

03 과자 봉지, 왜 빵빵할까

본문 16~17쪽

1문단 쉽게 구할 수 있고, 인체에 해롭지 않아 광범위하게 쓰이는 [ ][ ]

2문단 질소 포장의 좋은 점 ①: [ ][ ] 완화

3문단 질소 포장의 좋은 점 ②: 제품의 [ ][ ] 방지

4문단 질소 과잉 포장의 문제점과 [ ][ ] 포장의 필요성

주제 질소 포장의 좋은 점과 질소 [ ][ ] 포장의 문제점

본문 바로가기

4 언제까지 먹을 수 있나요

본문 20~21쪽

① 문단 ⬜⬜을 먹을 수 있는 기한을 확인하는 방법에 대한 의문

② 문단 ⬜⬜ 기한의 개념

③ 문단 ⬜⬜ 기한의 개념

④ 문단 품질 ⬜⬜ 기한의 개념

⑤ 문단 식품의 품질과 관련한 표시 기한을 ⬜⬜하여 버려지는 음식을 줄이자는 당부

✒️ 주제 식품의 ⬜⬜과 관련한 세 가지 기한의 개념

5 우울증 극복 방안

본문 24~25쪽

① 문단 우울증의 증상 및 우울증을 ⬜⬜해야 하는 이유

② 문단 우울증 극복 방안 ①: 규칙적인 ⬜⬜과 식사

③ 문단 우울증 극복 방안 ②: 적절한 ⬜⬜

④ 문단 우울증 극복 방안 ③: 타인과의 대화와 ⬜⬜

⑤ 문단 우울증 극복을 위한 ⬜⬜ 당부

✒️ 주제 ⬜⬜⬜의 증상과 극복 방안

6 풍요를 부르는 품종 개량

본문 28~29쪽

① 문단 더 많은 ⬜⬜을 얻기 위해 시작된 품종 개량

② 문단 품종 개량의 예 ①: 미국의 ⬜⬜⬜ 종자 개발

③ 문단 품종 개량의 예 ②: 우리나라의 통일형 ⬜ 품종 개발

④ 문단 품종 개량의 예 ③: 우리나라의 ⬜⬜ 품종 개발

⑤ 문단 농작물의 ⬜⬜⬜과 품질을 좋게 하는 품종 개량

✒️ 주제 품종 개량의 의미와 다양한 품종 개량 농작물의 예

실력 확인

본문 32~33쪽

07 단맛, 쓴맛의 비밀

- **1문단** 단맛을 좋아하고 쓴맛을 싫어하는 [ ][ ][ ]인 성향
- **2문단** 사람들이 [ ][ ]을 좋아하는 이유
- **3문단** 사람들이 [ ][ ]을 싫어하는 이유
- **4문단** 단맛을 좋아하고 쓴맛을 싫어하는 데 숨겨진 [ ][ ][ ] 이유

✍️ **주제** 사람들이 단맛을 좋아하고 쓴맛을 싫어하는 이유

08 쇼핑, 어디까지 진화할까

본문 36~37쪽

- **1문단** [ ][ ][ ] 네트워크를 활용한 쇼핑의 특징
- **2문단** 리테일테크의 개념과 그 세부 [ ][ ]
- **3문단** 리테일테크가 가져온 변화 ①: [ ][ ] 상점의 등장
- **4문단** 리테일테크가 가져온 변화 ②: 인공 지능 [ ][ ]의 등장
- **5문단** 리테일테크가 가져온 변화 ③: 바이오 [ ][ ] 시스템의 등장, 리테일테크의 한계와 전망

✍️ **주제** 리테일테크가 [ ][ ]에 가져온 다양한 변화

09 미래에 기대되는 직업

본문 40~41쪽

- **1문단** 미래에 기대되는 직업 ①: [ ][ ][ ] 기획자
- **2문단** 미래에 기대되는 직업 ②: [ ][ ] 의사
- **3문단** 미래에 기대되는 직업 ③: [ ] 스타일리스트
- **4문단** 미래에 기대되는 직업 ④: 데이터베이스 [ ][ ][ ]

✍️ **주제** 미래에 기대되는 네 가지 [ ][ ]

본문
바로가기

10 세계 건축물 탐방

본문 44~45쪽

1문단 파리 만국 박람회 개최에 맞추어 설계된 철탑인 ☐☐☐

2문단 백 년이 넘도록 짓고 있는 사그라다 파밀리아 ☐☐

3문단 죽은 왕비를 추모하기 위해 지은 궁전 형식의 무덤인 ☐☐☐

4문단 고대 로마 제국 때 지은 원형 ☐☐☐인 콜로세움

주제 세계 유명 ☐☐☐에 담긴 사연과 각 건축물의 특징

11 농사와 관련된 명절

본문 48~49쪽

1문단 ☐의 의미와 이날 하는 일

2문단 정월 ☐☐☐의 의미와 이날 하는 일

3문단 ☐☐의 의미와 이날 하는 일

4문단 ☐☐의 의미와 이날 하는 일

5문단 농사와 관련된 명절들의 공통된 의미

주제 ☐☐와 관련 깊은 우리나라의 대표적인 네 가지 명절

12 웨어러블 디바이스

본문 52~53쪽

1문단 ☐☐☐☐ 디바이스의 개념

2문단 ☐☐ 위치에 따른 웨어러블 디바이스의 종류와 대표적인 웨어러블 디바이스

3문단 웨어러블 디바이스의 특징과 용도 ①: ☐☐ 형태

4문단 웨어러블 디바이스의 특징과 용도 ②: ☐☐ 형태 및 다양한 형태

5문단 웨어러블 디바이스의 ☐☐

주제 웨어러블 디바이스의 종류에 따른 특징과 용도 및 장점

실력 확인

13 아름다운 거래, 공정 무역

① 문단 카카오 농장에서 적은 임금을 받고 고된 노동에 시달리는 [ ][ ][ ]

② 문단 선진국과 개발 [ ][ ][ ] 사이에 불공정하게 이루어지기도 하는 무역

③ 문단 [ ][ ] 무역의 의미와 공정 무역이 이루어지는 원칙

④ 문단 정당한 [ ][ ]의 대가를 지불하기 위해 개인이 할 수 있는 일

✎ 주제 공정 [ ][ ]의 의미와 원칙 및 개인이 공정 무역에 참여하는 방법

14 한류가 힘이다

본문 60~61쪽

① 문단 하드 파워와 [ ][ ][ ] 파워의 개념과 특징

② 문단 한류를 우리나라의 힘이라고 본 이유 ①: 높은 [ ][ ][ ] 감수성을 알림

③ 문단 한류를 우리나라의 힘이라고 본 이유 ②: 경제적 [ ][ ]을 높임

④ 문단 한류 열풍을 불러온 문화 [ ][ ][ ]의 우수성과 온라인 매체의 활성화

⑤ 문단 세계를 움직이는 부드러운 [ ]인 한류

✎ 주제 문화적·경제적 측면에서 본 [ ][ ]의 역할

15 암호를 풀어라

본문 64~65쪽

① 문단 '[ ][ ]'라는 말의 어원과 암호의 의미

② 문단 [ ][ ][ ] 암호의 암호화 방법

③ 문단 스키테일 암호의 예

④ 문단 [ ][ ] 암호의 암호화 방법

⑤ 문단 스키테일 암호와 시저 암호의 [ ][ ][ ] 방법

✎ 주제 스키테일 암호와 시저 암호의 [ ][ ][ ] 및 복호화 방식

본문 바로가기

16 의공학, 어디까지 발전할까

본문 68~69쪽

- ❶문단 [ ][ ][ ]이 다루는 기술 분야와 하는 일
- ❷문단 외골격 로봇 [ ][ ]를 사용한 예
- ❸문단 외골격 로봇 [ ]을 사용한 예
- ❹문단 인공 [ ][ ]의 개념 및 원리
- ❺문단 의공학 기기를 널리 [ ][ ]하기 위해 앞으로 해결해야 할 과제

✍주제 의공학 기기 중 [ ][ ][ ] 로봇, 인공 와우 장치의 효과와 한계

17 향신료의 특징과 효능

본문 72~73쪽

- ❶문단 [ ][ ][ ]의 개념과 쓰임
- ❷문단 [ ][ ]의 주성분과 효능
- ❸문단 [ ][ ]의 주성분과 효능
- ❹문단 [ ][ ]의 주성분과 효능
- ❺문단 향신료의 올바른 [ ][ ][ ]

✍주제 향신료의 다양한 효능과 올바른 활용법

18 다른 게 틀린 건 아니야

본문 76~77쪽

- ❶문단 다양한 [ ][ ]가 공존하는 사회로 변화하는 우리 사회
- ❷문단 [ ][ ]을 낀 채로 인사하는 미얀마 인사법에 대한 이해
- ❸문단 [ ][ ]고기를 먹지 않는 이슬람교와 소고기를 먹지 않는 [ ][ ][ ]에 대한 이해
- ❹문단 문화의 [ ][ ][ ]을 인정하는 태도인 문화 상대주의
- ❺문단 다문화 사회에서 문화의 [ ][ ]를 인정하고 이해하려는 노력의 필요성

✍주제 다문화 사회에서 필요한 문화 [ ][ ][ ][ ] 태도

실력 확인

본문 바로가기

19 생태 발자국 쿨이기

본문 80~81쪽

1문단 생태 [ ][ ][ ]의 의미와 문제 제기

2문단 생태 발자국이 넓어지면 발생하는 문제점 ①: 지구상 [ ][ ][ ]의 위기

3문단 생태 발자국이 넓어지면 발생하는 문제점 ②: 가난한 나라의 [ ][ ] 오염과 건강 피해

4문단 생태 발자국이 넓어지면 발생하는 문제점 ③: 지구 [ ][ ][ ] 파괴

5문단 생태 발자국을 줄이기 위한 노력 당부

주제 생태 발자국이 넓어지면 생기는 문제점과 생태 발자국을 줄이기 위한 노력의 필요성

20 혈액 보유량 부족, 어떻게 해결할까

본문 84~85쪽

1문단 [ ][ ]의 역할 및 헌혈이 건강에 지장을 주지 않는 이유

2문단 [ ][ ]이 필요한 이유

3문단 혈액 [ ][ ][ ]이 부족한 우리나라의 현실

4문단 헌혈 [ ][ ]를 확산시키기 위한 방안

주제 혈액 보유량 [ ][ ] 문제를 해결하기 위한 헌혈 문화 확산의 필요성

memo

memo

ⓦ 완자

공부력

정답과 해설

독
해

×

초등 국어

6 B

5-6학년

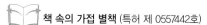

책 속의 가접 별책 (특허 제 0557442호)

'정답과 해설'은 진도책에서 쉽게 분리할 수 있도록 제작되었으므로
유통 과정에서 분리될 수 있으나 파본이 아닌 정상 제품입니다.

ABOVE IMAGINATION

우리는 남다른 상상과 혁신으로
교육 문화의 새로운 전형을 만들어
모든 이의 행복한 경험과 성장에 기여한다

완자

공부력

초등 국어
독해 6B

· · · ·

정답과 해설

완자 공부력 가이드   2

정답   6

완자 공부력 가이드

완자 공부력 시리즈는
앞으로도 계속 출간될 예정입니다.

국어
맞춤법
바로 쓰기
1~2학년용
4책

쓰기력

전과목
어휘
1~6학년용
12책

전과목
한자
어휘
1~6학년용
12책

영어
파닉스
1~2학년용
2책

영어
영단어
3~6학년용
8책

어휘력

국어
독해
1~6학년용
12책

한국사
독해
인물편
3~6학년용
4책

한국사
독해
시대편
3~6학년용
4책

독해력

수학
계산
1~6학년용
12책

계산력

완자 공부력 시리즈로 공부 근육을 키워요!

매일 성장하는
초등 자기개발서
완자
공부력

학습의 기초가 되는 읽기, 쓰기, 셈하기와 관련된
공부력을 키워야 여러 교과를 터득하기 쉬워집니다.
또한 어휘력과 독해력, 쓰기력, 계산력을 바탕으로 한
'공부력'은 자기주도 학습으로 상당한 단계까지 올라갈 수
있는 밑바탕이 되어 줍니다. 그래서 매일 꾸준한 학습이
가능한 '**완자 공부력 시리즈**'로 공부하면 자기주도 학습이
가능한 튼튼한 공부 근육을 키울 수 있을 것이라 확신합니다.

효과적인 공부력 강화 계획을 세워요!

○ 학년별 공부 계획
내 학년에 맞게 꾸준하게 공부 계획을 세워요!

		1-2학년	3-4학년	5-6학년
기본	독해	국어 독해 1A 1B 2A 2B	국어 독해 3A 3B 4A 4B	국어 독해 5A 5B 6A 6B
	계산	수학 계산 1A 1B 2A 2B	수학 계산 3A 3B 4A 4B	수학 계산 5A 5B 6A 6B
	어휘	전과목 어휘 1A 1B 2A 2B	전과목 어휘 3A 3B 4A 4B	전과목 어휘 5A 5B 6A 6B
		파닉스 1 2	영단어 3A 3B 4A 4B	영단어 5A 5B 6A 6B
확장	어휘	전과목 한자 어휘 1A 1B 2A 2B	전과목 한자 어휘 3A 3B 4A 4B	전과목 한자 어휘 5A 5B 6A 6B
	쓰기	맞춤법 바로 쓰기 1A 1B 2A 2B		
	독해		한국사 독해 인물편 1 2 3 4	
			한국사 독해 시대편 1 2 3 4	

⊙ 시기별 공부 계획

학기 중에는 **기본**, 방학 중에는 **기본 + 확장**으로 공부 계획을 세워요!

방학 중			
학기 중			
기본			확장
독해	계산	어휘	어휘, 쓰기, 독해
국어 독해	수학 계산	전과목 어휘 파닉스(1~2학년) 영단어(3~6학년)	전과목 한자 어휘 맞춤법 바로 쓰기(1~2학년) 한국사 독해(3~6학년)

예시 **초1 학기 중 공부 계획표** 주 5일 하루 3과목 (45분)

월	화	수	목	금
국어 독해	국어 독해	국어 독해	국어 독해	국어 독해
수학 계산	수학 계산	수학 계산	수학 계산	수학 계산
전과목 어휘	파닉스	전과목 어휘	전과목 어휘	파닉스

예시 **초4 방학 중 공부 계획표** 주 5일 하루 4과목 (60분)

월	화	수	목	금
국어 독해	국어 독해	국어 독해	국어 독해	국어 독해
수학 계산	수학 계산	수학 계산	수학 계산	수학 계산
전과목 어휘	영단어	전과목 어휘	전과목 어휘	영단어
한국사 독해 인물편	전과목 한자 어휘	한국사 독해 인물편	전과목 한자 어휘	한국사 독해 인물편

목걸이 하나로 뒤바뀐 인생

코칭Tip 이 글은 허영심과 과시욕 때문에 비극적인 인생을 산 루아젤 부인의 이야기입니다. 루아젤 부인의 인생을 뒤바꾼 사건에 주목하며 글을 읽을 수 있도록 합니다.

1 마틸드는 아름답고 매력적인 용모를 갖추었으나 운명의 잘못으로 가난한 하급 관리의 가정에서 태어났다. 가지고
_{중심인물}
있는 돈도 없고 유산을 물려받을 데도 없으며, 그렇다고 돈 많은 남자를 만나 결혼할 연줄도 없었다. 그래서 마틸드는
교육부에 근무하는 한 하급 관리가 청혼하는 대로 결혼하고 말았다. 그렇게 루아젤 씨의 아내가 된 마틸드는 초라한
집, 얼룩진 벽, 부서져 가는 의자, 빨랫줄에 널린 누더기 같은 옷을 볼 때마다 마음이 괴로웠다.

루아젤 부인은 가난한 현실에 만족하지 못함 ▶ 하급 관리의 아내로 살아가는 삶에 만족하지 못하는 루아젤 부인

2 어느 날 저녁, 남편 루아젤이 교육부 장관 저택에서 개최하는 파티에 초대받았다며 루아젤 부인에게 함께 가자고
했다. 그러자 루아젤 부인은 화를 내며 말했다. / "도대체 무슨 옷을 입고 가라는 거예요? 그런 곳엘 말이에요."

 : 허영심과 과시욕이 많은 루아젤 부인의 성격이 드러나는 부분

그 말을 들은 남편은 어려운 형편이었지만 무도회에서 아내가 입을 옷을 사 주었다. 무도회 날이 가까워졌다. 루아젤
부인은 걱정과 근심에 싸여 있었다.

"몸에 걸칠 장신구가 한 개도 없어요. 차라리 그 파티에는 가지 않는 게 좋겠어요."

"아, 당신 친구 포레스티에 부인에게 장신구를 빌려 달라고 부탁해 보시오." ▶ 파티에 하고 갈 만한 장신구가 없다고 투덜대는 루아젤 부인

3 다음 날, 루아젤 부인은 친구를 찾아가 자신의 딱한 사정을 이야기했다. 포레스티에 부인은 보석 상자를 들고 와
루아젤 부인에게 원하는 것을 고르게 했다. 까만 비단 상자 속에는 눈부신 다이아몬드 목걸이가 있었다. 그것을 쥔 루
아젤 부인의 손이 떨려 왔다. / "이걸 빌려줘. 다른 것들은 필요 없어."

겉으로 번듯하게 보이게 할 수 있는 장신구. 다이아몬드 목걸이

무도회 날 저녁, 루아젤 부인은 어느 여자보다도 우아하고 맵시가 있었으며 미소를 띤 채 기쁨에 도취되어 있었다.
예쁜 옷과 비싼 장신구를 하고 자신을 과시할 수 있었기 때문
파티가 끝나고 집으로 돌아온 루아젤 부인은 거울을 보다가 비명을 질렀다. 포레스티에 부인에게 빌린 목걸이가 없어
루아젤 부인의 삶에 결정적인 영향을 끼친 사건
진 것이었다. ▶ 친구에게 목걸이를 빌려 파티에 갔다가 돌아온 후에 없어진 다이아몬드 목걸이

4 루아젤 부부는 결국 목걸이를 찾지 못했다. 부부는 어느 보석상에서 그들이 찾던 것과 똑같아 보이는 3만 6천 프
랑짜리 다이아몬드 목걸이를 발견했다. 그들에게는 재산이 1만 8천 프랑밖에 없었기 때문에 부족한 돈은 여기저기에서
목걸이를 잃어버림으로써 전 재산을 잃고 큰 빚을 지게 된 루아젤 부부
닥치는 대로 빌렸다. 루아젤 부인은 겨우 돈을 마련하여 목걸이를 사서 포레스티에 부인에게 돌려주었다.

『루아젤 부인은 곧 하루하루 끼니를 걱정해야 하는 가난한 생활이 얼마나 괴로운 것인가를 깨달았다. 하류 계급의 아
『 』: 목걸이를 잃어버린 후 루아젤 부인이 겪게 된 일들
낙네들과 다름없는 차림을 하고, 집도 싸구려 다락방으로 세를 얻어 이사했다. 기름기가 묻은 그릇과 냄비를 닦느라 루
아젤 부인의 장밋빛 손톱이 다 닳았다.』
▶ 다이아몬드 목걸이를 돌려주기 위해 빌린 돈을 갚느라 고생하는 루아젤 부부

5 이런 생활을 십 년이나 하고 나서야 루아젤 부부는 모든 빚을 갚을 수 있었다. 루아젤 부인은 매우 늙어 보였고,
빚을 갚느라 십 년이나 가난한 삶을 살며 고생을 했기 때문
억세고 우락부락하고 가난에 찌든 아낙네가 되었다.

그러던 어느 날, 루아젤 부인은 우연히 포레스티에 부인을 만났다. 포레스티에 부인은 변해 버린 루아젤 부인을 알아
보지 못했다. 루아젤 부인은 포레스티에 부인에게 다가가 그동안의 일을 말했다. 그때 돌려준 목걸이는 모양이 같은 다
른 목걸이였다는 것, 그걸 사기 위해 빌린 돈을 갚기까지 십 년이 걸렸다는 것 등을 이야기하며 자랑스러운 듯 순진한
웃음을 지어 보였다. 포레스티에 부인은 숨이 턱 막혀 친구의 두 손을 꼭 쥐었다.
자신의 가짜 목걸이 때문에 루아젤 부인이 십 년 동안 고생했다는 사실에 매우 놀람

"어떡하면 좋아! 사실 내 목걸이는 가짜였어. 기껏해야 5백 프랑밖에 나가지 않는……."
▶ 루아젤 부인이 빌렸던 목걸이가 가짜였다는 사실을 알려 주는 포레스티에 부인

ⅴ 글 내용 한눈에 보기 •••

본문 9쪽

1 루아젤 **2** 파티 **3** 목걸이 **4** 십 **5** 가짜

◀ 글을 이해해요 ▶

☑ 자기 평가

본문 10쪽

01 (내용 추론)
⑤
◯ ✕

02 (내용 추론)
②
◯ ✕

03 (내용 비판)
②
◯ ✕

04 (중심 내용 쓰기)
    루아젤 부인은 친구에게 빌린 다이아몬드 목걸이를 잃어버린 후, 목걸이를 돌려주기 위해 큰 빚을 져서 십 년 동안 갖은 고생을 했지만 사실 <u>그 목걸이는 가짜였다</u>.

◯ ✕

01 1문단을 보면 가난한 하급 관리의 가정에서 태어난 루아젤 부인(마틸드)은 돈 많은 남자를 만나 결혼할 연줄이 없었고, 그래서 교육부에 근무하는 한 하급 관리가 청혼하는 대로 결혼했다고 했어요.

(오답 풀이)
① 1문단에서 마틸드, 즉 루아젤 부인은 아름답고 매력적인 용모를 갖추었다고 했어요.
② 1문단에서 루아젤 부인은 초라한 집과 얼룩진 벽 등과 같은 살림을 볼 때마다 마음이 괴로웠다고 했어요. 즉, 루아젤 부인은 자신이 처한 현실에 만족하지 못하고 있어요.
③ 2문단에서 루아젤 부인은 예쁜 옷과 장신구 없이는 파티에 갈 수 없다고 하며, 강한 자존심과 자신을 과시하고 싶은 마음을 드러내고 있어요.
④ 1문단에서 루아젤 부인은 가난한 하급 관리의 가정에서 태어나, 돈과 유산 없이 넉넉하지 못한 형편으로 살고 있다고 했어요.

02 5문단에서 루아젤 부부가 십 년이 지난 후에 모든 빚을 갚았다고 한 부분을 보면 부부가 함께 고생하며 위기를 극복했다는 것을 알 수 있어요. 따라서 루아젤 부인이 목걸이를 잃어버린 후 남편과 이혼하고 혼자 살게 된 것은 아니에요.

03 글쓴이는 자신을 과시하고 싶은 욕망과 허영심 때문에 다이아몬드 목걸이를 빌렸다가 십 년 동안 고생을 한 루아젤 부인의 삶을 통해서 어리석은 욕망은 비극을 불러올 수 있다는 주제를 전달하고 있어요.

04 이 글은 루아젤 부인이 포레스티에 부인에게 빌린 다이아몬드 목걸이가 가짜인 줄 모르고, 그것을 돌려주기 위해 빚을 져 십 년 동안 고생한 일을 다룬 이야기예요.

◀ 어휘를 익혀요 ▶

본문 11쪽

01 **1** ㄷ **2** ㄱ **3** ㄴ   **02** **1** 용모 **2** 기껏해야 **3** 도취   **03** **1** 맵시 **2** 우락부락

코칭Tip 이 글은 발효의 개념과 발효 과정을 거쳐 만들어지는 음식에 대해 설명하는 글입니다. 발효는 어떻게 이루어지는지, 발효 음식이 왜 우리 몸에 좋은지 파악하며 글을 읽을 수 있도록 합니다.

1 된장, 우유, 요구르트, 치즈, 빵의 공통점은 무엇일까? 바로 미생물에 의한 **발효** 작용을 거쳐 만든 음식이라는 것
중심 소재
이다. 발효는 세균, 효모, 곰팡이 같은 미생물이 탄수화물, 단백질 등의 유기물을 분해하는 과정을 말한다. 발효가 일어
발효의 개념
나면 식품의 영양가가 높아지고 식품을 저장할 수 있는 기간이 늘어난다. 그렇기 때문에 우리가 먹는 음식 중에는 발효
발효의 장점 ①
과정을 거쳐 만든 음식이 많다. 발효에 관여하는 미생물인 세균, 효모, 곰팡이의 종류도 매우 다양해서 저마다 독특한
발효 음식이 다양한 이유
맛과 특성을 지닌 여러 가지 발효 음식이 존재한다.   ▶ 발효의 개념

2 우리나라에서는 메주를 쑤어서 이 메주로 **간장과 된장**을 만들어 먹는다. 메주는 메주콩을 삶아 찧은 다음 덩어리
: 발효 음식의 예
를 만든 것인데, 『이것을 따뜻하고 바람이 잘 통하는 곳에 매달아 둔다. 그러면 메주 겉에 피는 곰팡이를 비롯하여 메주
『 』: 메주의 발효 과정
속의 여러 세균 및 효모가 메주의 콩 단백질을 분해한다.』 이렇게 발효된 메주를 소금물에 우려내어 국물만 달이면 간장
간장을 만드는 방법
이 된다. 메주가 소금물에서 발효될 때 젖산균의 일종인 바실루스균이 콩의 단백질을 분해하여 간장에 영양분과 감칠
간장의 발효 과정
맛을 더한다. 간장을 만들고 남은 메주를 잘게 으깨어 소금을 섞은 후 한 달 이상 숙성시키면 된장이 된다.
된장을 만드는 방법   ▶ 발효 음식의 예 ①: 간장, 된장

3 새콤한 요구르트와 고소한 **치즈**도 젖산균이라는 미생물로 우유를 발효하여 만든 음식이다. 우유에 젖산균을 넣으
요구르트의 발효 과정
면 젖산균이 당분을 분해해서 많은 양의 젖산을 만들어 낸다. 이렇게 발효한 음식이 바로 요구르트이다. 젖산균이 만들
어 내는 젖산은 음식의 맛을 좋아지게 할 뿐만 아니라 우리 몸의 소화와 배설을 돕는다. 치즈 역시 우유를 발효한 음식
젖산의 긍정적 역할
인데, 젖산균으로 발효된 우유에 레닛이라는 효소를 넣어 굳게 하면 쫀득한 치즈가 된다.   ▶ 발효 음식의 예 ②: 요구르트, 치즈
치즈를 만드는 방법

4 많은 사람이 좋아하는 **빵** 역시 효모를 이용하여 발효한 음식이다. 빵 효모는 밀가루 반죽에 있는 당분을 분해하여
효모를 이용한 빵 발효 과정
이산화 탄소와 알코올, 열을 만들어 낸다. 이런 발효 과정에서 이산화 탄소가 밀가루 안에 갇히면 **빵** 반죽이 부풀고, **빵**
효모를 이용한 빵 발효의 효과
의 풍미가 좋아진다. 효모는 종류에 따라 빵을 발효하는 데 사용하는 효모도 있고, 술을 발효하는 데 사용하는 효모도
있다. 이처럼 효모의 쓰임이 달라지는 것은 효모의 종류마다 그 성질이 다르기 때문이다.   ▶ 발효 음식의 예 ③: 빵, 술

5 발효는 미생물이 탄수화물이나 단백질 같은 유기물에 작용하여 유기물의 성질을 바꾸어 놓는다는 점에서 부패와
발효와 부패의 공통점
비슷하다. 하지만 발효는 사람에게 이로운 물질을 만들고, 부패는 사람에게 해로운 물질을 만든다는 점에서 큰 차이가
발효와 부패의 차이점
있다. 예를 들어 우유는 발효되면 요구르트가 되지만, 부패되면 상해서 먹을 수 없다. 음식물은 발효되면서 원래 없던
영양분이나 좋은 물질이 만들어져 맛과 향이 좋아지고 영양가도 풍부해진다. 또한 발효 음식은 소화도 잘되기 때문에
발효의 장점 ②   발효의 장점 ③
우리나라뿐만 아니라 세계 여러 나라에서 꾸준히 사랑받고 있다.   ▶ 발효와 부패의 공통점과 차이점

❯❯ 글 내용 한눈에 보기 ●●●

본문 13쪽

1 미생물 **2** 메주 **3** 젖산균 **4** 밀가루 **5** 해로운

◀ 글을 이해해요 ▶

☑ 자기 평가

본문 14쪽

01 (내용 이해)
②
○ ✕

02 (내용 추론)
⑤
○ ✕

03 (내용 이해)
ㄴ
○ ✕

04 (중심 내용 쓰기)
　　발효는 <u>미생물이 유기물을 분해하는</u> 과정으로 미생물의 종류에 따라 다양한 발효 음식이 존재하며, 발효 음식은 우리 몸에 좋은 여러 장점을 지니고 있다.
○ ✕

01 1, 5문단에 발효 음식의 좋은 점이 설명되어 있어요. 그런데 발효 음식의 가격에 대한 정보는 이 글에 나와 있지 않아요.

02 3문단에 따르면 요구르트는 우유에 젖산균이라는 미생물을 넣어서, 치즈는 우유에 레닛이라는 효소를 넣어서 발효한 음식이에요.

(오답 풀이)
① 4문단에서 술을 만드는 데 사용하는 효모는 따로 있다고 했으므로, 빵을 만드는 효모로는 술을 만들 수 없어요.
② 3문단에서 치즈는 발효된 우유에 효소인 레닛을 넣어 굳게 하여 만든다고 했으므로, 우유를 끓여서 치즈를 만드는 것은 아니에요.
③ 4문단에서 빵 효모는 밀가루 반죽에 있는 당분을 분해해 이산화 탄소를 만들어 낸다고 했으므로, 빵 효모가 밀가루 반죽에 있는 이산화 탄소를 먹는 것은 아니에요.
④ 3문단에서 우유에 젖산균을 넣으면 젖산균이 당분을 분해해서 많은 양의 젖산이 만들어지고, 이러한 발효 과정을 거쳐 요구르트가 된다고 했어요. 따라서 우유 속 젖산이 젖산균을 만들어 내는 것이 아니라, 젖산균이 젖산을 만들어 내서 요구르트가 되는 거예요.

03 메주를 이용하여 간장과 된장을 만드는 과정은 2문단에 제시되어 있어요. 2문단을 보면 메주는 따뜻하고 바람이 잘 통하는 곳에 매달아 두어야 한다고 했어요. 그래야 메주 속의 여러 세균과 효모가 메주의 콩 단백질을 분해하면서 발효된다고 했어요.

04 이 글은 발효의 개념과 다양한 발효 음식의 종류를 설명하고, 발효 음식이 우리 몸에 왜 좋은지 알려 주고 있어요.

◀ 어휘를 익혀요 ▶

본문 15쪽

01 **1** 풍미 **2** 미생물 **3** 숙성 　**02** **1** 소화 **2** 이로운 **3** 부패 　**03** **1** 분해 **2** 관여 **3** 발효

03 과자 봉지, 왜 빵빵할까

코칭 Tip 이 글은 과자 봉지 속에 질소를 넣어 포장하는 이유에 관해 설명하는 글입니다. 과자를 포장할 때 질소를 사용하는 이유가 무엇인지 파악하고, 질소 과잉 포장의 문제점은 없는지 판단하며 글을 읽을 수 있도록 합니다.

1 지구를 둘러싸고 있는 공기의 대부분은 질소이다. 질소는 상온에서는 무미, 무색, 무취의 기체 상태로 존재하며 인체에도 무해하다. 질소는 쉽게 구할 수 있고, 인체에 해롭지 않기 때문에 식품을 포장하거나 냉동, 건조할 때의 재료, 폭탄이나 로켓 연료의 재료, 비료의 재료 등으로 광범위하게 쓰인다.
_{중심 소재} _{질소의 쓰임이 광범위한 이유}
▶ 쉽게 구할 수 있고, 인체에 해롭지 않아 광범위하게 쓰이는 질소

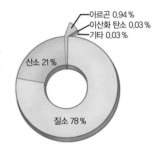

아르곤 0.94 %
이산화 탄소 0.03 %
기타 0.03 %
산소 21 %
질소 78 %
▲ 공기의 구성 성분

2 일상생활에서 우리가 자주 접하는 물건 중에 질소를 사용하는 것은 과자 봉지이다. 보통 유탕 처리 과자, 즉 튀김과자를 포장할 때에는 질소를 넣는다. 그 까닭은 무엇일까?
_{일상 속 질소의 쓰임}
첫째, 충격을 완화하기 위해서이다. 튀김과자는 쉽게 부서지기 때문에 충격을 덜 받게 제품을 포장해야 한다. 이때 필
_{과자 봉지에 질소를 넣는 이유 ①}
요한 것이 질소이다. 과자는 최종 소비자의 손에 들어갈 때까지 여러 유통 과정을 거치기 때문에 외부로부터의 충격을 완화할 질소 충전이 꼭 필요하다. 실제로 질소를 넣은 과자 봉지 속에 들어 있는 과자가 그렇지 않은 과자보다 훨씬 덜 부서지는 것을 확인할 수 있다.
_{질소를 사용한 과자 포장의 효과}
▶ 질소 포장의 좋은 점 ①: 충격 완화

3 둘째, 제품의 변질을 막기 위해서이다. 질소는 음식물이 산소와 접촉하는 것을 막아서 신선도를 유지해 준다. 과
_{과자 봉지에 질소를 넣는 이유 ②} _{질소 포장이 제품의 변질을 막는 원인}
자가 공기 중의 산소와 만나면 수분 때문에 눅눅해지고 색과 향, 맛이 변질된다. 제품의 변질을 막는 방법으로는 진공 포장도 있다. 하지만 이 방법은 내부의 공기를 모두 제거하는 것이라서 이렇게 포장하면 과자가 산산조각이 나므로 적
_{과자를 진공 포장을 하지 않는 이유}
합하지 않다. 따라서 구하기가 쉽고, 비용 부담도 적으며, 식품의 색이나 맛에 영향을 미치지 않는 질소를 사용하여 포
_{질소의 장점}
장하는 것이다.
▶ 질소 포장의 좋은 점 ②: 제품의 변질 방지

외부로부터의 충격을 완화해서 과자가 부서지지 않게 하고,

우리는 질소 기체야.

산소와의 접촉을 막아서 신선도를 유지해 주지.
산소

4 앞에서 살펴본 것처럼 질소는 매우 효과적인 포장 재료임에 틀림없다. 하지만 요즘 튀김과자는 내용물에 비해 질
_{질소를 과잉으로 사용한 포장}
소 포장으로 부피만 늘리는 경우가 많다. 이러한 과잉 포장은 소비자에게 내용물의 양을 속인다는 점에서 문제가 된다.
_{질소 과잉 포장의 문제점 ①}
또 다른 문제도 야기한다. 포장이 커지는 만큼 포장 재료를 낭비하고, 부피가 커지는 만큼 이를 운송하는 비용도 늘어
_{질소 과잉 포장의 문제점 ②} _{질소 과잉 포장의 문제점 ③}
난다. 『게다가 과자 봉지를 버리면 쓰레기도 늘어나는데, 과자 봉지는 잘 썩지 않는 데다 이를 태우면 유해한 물질이 나
_{『 』: 질소 과잉 포장의 문제점 ④}
오므로 결국 환경을 오염한다.』튀김과자를 포장할 때 질소를 사용하지 않을 수는 없다. 그렇다고 마구잡이로 질소를 넣어서는 안 될 것이다. 내용물을 보호할 수 있을 만큼만 질소를 넣어 적정 포장을 해야 한다.
_{질소를 사용한 포장에 대한 글쓴이의 의견}
▶ 질소 과잉 포장의 문제점과 적정 포장의 필요성

⌄ **글 내용** 한눈에 보기 •••

본문 17쪽

1 충격 　 **2** 변질 　 **3** 소비자 　 **4** 쓰레기 　 **5** 질소

◀ **글을** 이해해요 ▶

☑ 자기 평가　　　　　본문 18쪽

01 (내용 이해)
⑤ 　　　　　　　　　　　　　○　✕

02 (내용 비판)
① 　　　　　　　　　　　　　○　✕

03 (내용 추론)
③ 　　　　　　　　　　　　　○　✕

04 (중심 내용 쓰기)
　　질소를 사용한 과자 포장은 <u>충격을 완화하고 제품의</u> 　　　　　　　　　　　　　○　✕
<u>변질을 막는다</u>는 장점이 있지만, 과잉으로 포장하면 여
러 문제점이 발생하므로 적정 포장을 해야 한다.

01 3문단에서 진공 포장을 하면 과자가 산산조각이 나므로, 진공 포장은 과자 포장 방법으로 적합하지 않다고 했어요. 그리고 진공 포장을 할 때의 가격이 어느 정도인지도 이 글에 나와 있지 않아요.

(오답 풀이)

① 1문단에서 질소는 쉽게 구할 수 있다고 하였고, 3문단에서 질소는 비용 부담이 적다고 하였으므로 가격이 싸다는 것을 알 수 있어요.

② 1문단에서 질소는 인체에 해롭지 않다고 했어요.

③ 2문단에서 튀김과자는 쉽게 부서지기 때문에 충격을 덜 받게 제품을 포장해야 한다고 했어요.

④ 3문단에서 튀김과자를 포장할 때 질소를 넣으면 과자가 산소와 접촉하는 것을 막아 맛과 색이 변질되지 않게 해 준다고 했어요.

02 신문 기사에는 시민 단체로 대표되는 소비자들이 과자의 양은 줄이고 질소로 과잉 포장하는 기업의 행태에 대해 비판하는 내용이 담겨 있어요. 따라서 이와 가장 관련 깊은 내용은 ㄱ이에요.

(이럴 땐 이렇게!) 가장 관련 깊은 내용을 찾으라고 했으니 기사에 직접적으로 언급되지 않은 내용은 지워요. 포장은 그대로인데 과자의 양이 줄면 가장 피해를 입는 사람은 소비자겠죠?

03 글쓴이의 의견은 4문단에 나타나 있어요. 글쓴이는 질소 포장의 필요성은 인정하되, 내용물을 보호할 수 있을 만큼의 질소만 넣은 적정 포장을 하자고 했어요.

04 이 글은 질소를 사용하여 과자 포장을 하는 이유와 과잉 질소 포장의 문제점에 대해 설명한 글이에요.

(이럴 땐 이렇게!) 이 글에서 가장 중요한 내용인 질소를 사용한 과자 포장의 좋은 점 두 가지가 모두 언급되어야 해요.

◀ **어휘를** 익혀요 ▶

본문 19쪽

01 **1** ㄴ　**2** ㄷ　**3** ㄱ　　　　**02** **1** ✕　**2** ○　**3** ✕　　　　**03** **1** 건조　**2** 운송　**3** 무해

언제까지 먹을 수 있나요

코칭Tip 이 글은 식품의 품질과 관련한 세 가지 기한에 대해 설명하는 글입니다. 유통 기한과 소비 기한, 품질 유지 기한의 차이점은 무엇이고, 왜 이 기한들을 확인하여 식품을 구매하거나 섭취해야 하는지를 파악하며 글을 읽을 수 있도록 합니다.

1 식품을 구매할 때 우리가 반드시 확인하는 것이 있다. 바로 유통 기한이다. 구매하려는 식품의 유통 기한이 지나면
보통 내용물이 상했거나 상했을 확률이 높다고 생각하는 경우가 많다. 하지만 전문가들은 보관 방법만 잘 지키면 유통
기한이 조금 지났더라도 먹을 수 있다고 한다. '유통 기한=섭취 기한'이 아니라는 뜻이다. 그렇다면 식품을 먹을 수 있
는 기한을 확인하는 방법에는 무엇이 있을까?

2 식품의 품질과 관련한 기한에는 유통 기한, 소비 기한, 품질 유지 기한이 있다. 유통 기한은 식품을 판매할 수 있
는 최종 기한을 말한다. 대형 마트의 경우, 진열대에 있는 우유는 유통 기한이 찍힌 날짜까지만 판매할 수 있다. 현재는
식품의 유통 기한을 표시하는 것이 자율화되었으나 대부분의 식품은 유통 기한을 표시하고 있다. 단, 미생물이 번식할
수 없는 설탕, 아이스크림류, 빙과류, 식용 얼음, 껌류 등은 유통 기한을 표시하지 않아도 된다.

3 소비 기한은 식품을 섭취해도 건강이나 안전에 이상이 없을 것으로 인정되는 소비의 최종 기한을 말한다. 그래서
유통 기한보다 그 기한이 긴 경우가 많다. 예를 들어 식품 의약품 안전처가 공개한 자료에 따르면 개봉하지 않은 식빵
의 유통 기한은 제조일로부터 3일이지만 소비 기한은 그 유통 기한으로부터 18일이 더해진다. 물론 올바른 방법으로
식품을 보관했을 경우에 소비 기한을 더하여 섭취할 수 있다. 이 밖에도 요구르트는 10일, 계란은 25일, 우유는 45일,
치즈는 70일, 냉동 만두는 1년, 식용유는 5년이 소비 기한이다.

4 마지막으로 품질 유지 기한은 식품의 특성에 맞게 적절히 보관했을 때 해당 식품의 고유한 품질이 유지될 수 있는
기한을 말한다. 우리나라의 경우 장기간 유통해도 부패나 변질의 우려가 적은 통조림, 잼류, 멸균 음료류, 장류와 같은
품목에 대해서 품질 유지 기한을 설정하고 있다. 이 제품들에는 유통 기한을 표시하지 않고 품질 유지 기한만 표시해도
된다. 또한 오랫동안 고유의 품질이 유지되기 때문에 올바르게 보관만 하였다면 품질 유지 기한이 지났더라도 먹을 수
있다.

5 식품의 품질과 관련한 표시 제도는 세계적으로 점차 다양해지고 있다. 유통 기한만 표시했을 경우 기한이 지났다
고 버려지는 식품이 너무 많아 자원이 낭비되고 있기 때문이다. 우리나라도 유통 기한이 지났다는 이유로 한 해 동안 1
조 원 이상의 식품이 버려지고 있다. 물론 유통 기한이 지나지 않았다고 해서 무조건 안심하고 오래 먹을 수 있는 것은
아니다. 잘못된 방법으로 식품을 보관했을 경우 품질 관련 표시 기한과 상관없이 제품이 변질될 수 있기 때문이다. 만
약 냉장고에서 유통 기한이 지난 식품을 찾았다면 버리기 전에 소비 기한과 품질 유지 기한을 확인하자. 아직 소비 기
한과 품질 유지 기한이 지나지 않았다면 내용물이 상했는지 아닌지를 파악하여 상하지 않은 식품은 맛있게 먹는 것은
어떨까?

❯❯ 글 내용 한눈에 보기 •••

본문 21쪽

1 판매 **2** 미생물 **3** 소비 **4** 보관 **5** 부패

◀ 글을 이해해요 ▶

✅ 자기 평가 본문 22쪽

01 (내용 이해)
④
○ ✕

02 (내용 추론)
㉠
○ ✕

03 (내용 비판)
③
○ ✕

04 (중심 내용 쓰기)
식품의 품질과 관련한 기한에는 <u>유통 기한, 소비 기한, 품질 유지 기한</u>이 있는데, 식품을 구매하거나 섭취하기 전에는 이 기한들을 꼭 확인할 필요가 있다.
○ ✕

01 1문단에 보관 방법만 잘 지키면 유통 기한이 지난 식품도 먹을 수 있다는 전문가의 견해가 나와 있어요. 그러나 이글에서 유통 기한의 필요성에 대한 전문가의 의견은 찾아볼수 없어요.

(오답 풀이)
① 5문단에서 식품 품질 관련 표시 제도는 세계적으로 점차다양해지고 있는데, 이는 유통 기한만 표시했을 때 버려지는식품이 너무 많기 때문이라고 했어요.
② 3문단에 식빵, 요구르트, 계란, 우유, 치즈, 냉동 만두, 식용유의 구체적인 소비 기한이 제시되어 있어요.
③ 3문단에서 식품을 올바른 방법으로 보관했을 경우에 소비기한을 더하여 섭취할 수 있다고 했어요.
⑤ 5문단에서 우리나라는 유통 기한이 지났다는 이유로 한해 동안 1조 원 이상의 식품이 버려지고 있다고 했어요.

02 3문단에서 냉동 만두의 소비 기한은 1년이라고 했어요. 그러니 냉동실에 보관했다고 하더라도 3년이나 지났다면 먹지 않는 게 좋겠죠.

(오답 풀이)
우유의 소비 기한은 45일이므로 유통 기한에서 5일이 지나도보관만 잘 해 두었다면 먹어도 돼요. 또 식용유의 소비 기한은 5년이므로 유통 기한에서 1~2년 지나도 먹을 수 있어요.

03 5문단에서 잘못된 방법으로 식품을 보관했을 경우 품질관련 표시 기한과 상관없이 제품이 변질될 수 있다고 했어요. 따라서 유통 기한 날짜만 보고 판단하지 말고 직접 식품의 상태를 파악하는 것이 중요해요.

04 이 글은 식품의 품질과 관련한 기한 세 가지, 즉 유통 기한, 소비 기한, 품질 유지 기한의 개념에 대해 설명하고, 식품구매 또는 섭취 전에 이 기한들을 확인해야 할 필요성에 대해언급하고 있어요.

◀ 어휘를 익혀요 ▶

본문 23쪽

01 **1** ○ **2** ○ **3** ✕   **02** **1** 구매 **2** 진열대 **3** 소비   **03** **1** 번식 **2** 유지 **3** 개봉

05 우울증 극복 방안

본문 24~25쪽

코칭Tip 이 글은 우울증을 극복하기 위해 생활 속에서 실천할 수 있는 방안에 대해 설명하는 글입니다. 우울증을 근본적으로 극복할 수 있는 방안이 무엇인지 파악하며 글을 읽을 수 있도록 합니다.

❶ '마음의 감기'라고 불리는 병이 있다. 바로 우울증이다. 감기처럼 흔하게 찾아오는 병이지만 죽음으로 이어질 수
　　　　우울증의 비유적 표현　　　　　　　　　중심 소재
있다는 점에서 우울증은 매우 위험한 병이다. 우울증은 의욕 저하와 다양한 신체적, 정신적 증상을 일으켜 일상 기능의
　　　　　　　　　　　　　　　　　　　　　　우울증 증상 ①
저하를 가져온다. 우울증을 앓는 사람은 모든 일에 자신감이 없어지고 자신을 가치가 없는 사람이라고 느낀다. 또 별것
　　　　　　　　　　　　　　　　　　　　　우울증 증상 ②
아닌 일로 잠을 못 이루거나 현재 잘 풀리지 않는 일에 대해 불안해하고 최악의 경우를 자꾸 떠올린다. 이를 계속 방치
　　　　　　　　　　　우울증 증상 ③　　　　　　　　　　　　　　　　　　　　　우울증의 위험성
하면 극단적인 선택으로까지 이어질 수 있다. 따라서 우울증을 앓는 사람은 이를 극복하기 위해 노력해야 한다. 그렇다
면 우울증을 극복하기 위해 생활 속에서 구체적으로 실천할 수 있는 방안에는 무엇이 있을까?
　　　　　　　　　　　　　　　　　　　　　　　　　　　　　▶ 우울증의 증상 및 우울증을 극복해야 하는 이유

❷ 첫째, 규칙적인 수면과 식사를 해야 한다. 낮에는 외부 빛과 소음에 노출되므로 숙면을 하기가 어렵다. 그리고 낮
　　　우울증 극복 방안 ①　　　　　　　　　　　　　낮에 숙면하기 어려운 이유
에 적절한 햇빛을 쬐어야 몸 안에서 심리적 안정에 도움이 되는 호르몬인 세로토닌이 합성된다. 따라서 낮에는 깨서 활
　　　　　　　　　　　　　　　　　　　　　　　　　　낮에 밖에 나가 활동해야 이유
동을 하고 잠은 어두운 밤에 자야 한다. 또한 규칙적인 식사는 혈관 건강을 유지해 주고 면역력을 강화해 주기 때문에
뇌혈관과 주변 뇌세포에 우울 반응이 일어나는 것을 예방할 수 있다.　규칙적인 식사가 우울증 극복에 도움이 되는 이유
　　　　　　　　　　　　　　　　　　　　　　　　　▶ 우울증 극복 방안 ①: 규칙적인 수면과 식사

❸ 둘째, 적절한 운동을 해야 한다. 보통 우울증 환자의 뇌는 신경 전달 물질을 조절하는 기능에 문제가 있는데, 운동
　　　우울증 극복 방안 ②
은 신경 전달 물질의 대사를 향상한다. 운동을 하면 우울증 치유에 도움이 되는 도파민, 세로토닌과 같은 건강한 신경
　　　　　　　　　　　　　　　　　　　　　　　적절한 운동이 우울증 극복에 도움이 되는 이유 ①
전달 물질의 분비가 촉진된다. 아울러 운동을 하면 심장 박동이 빨라지면서 뇌로 가는 혈액 공급이 늘기 때문에, 우울
　　　　　　　　　　　　　　　　　　　　　적절한 운동이 우울증 극복에 도움이 되는 이유 ②
증으로 인한 인지 기능 저하나 무기력한 증상을 완화할 수도 있다.
　　　　　　　　　　　　　　　　　　　　　　　　　　　　▶ 우울증 극복 방안 ②: 적절한 운동

❹ 마지막으로 다른 사람들과의 대화와 소통을 늘려야 한다. 사람은 감정을 타
　　　　　　　　　　　　　우울증 극복 방안 ③
인에게 표현할 때 안정감을 느낀다. 그런데 우울증을 앓으면 타인과의 대화와 소
통이 줄면서 정서적 불안감을 느낄 가능성이 높아진다. 혼자만의 우울하고 불안한
감정은 세상을 보는 시각을 왜곡하여 제대로 된 판단을 하기 어렵게 만든다. 그러
　다른 사람과 고민을 나누어야 하는 이유
므로 고민이 있다면 혼자 안고 있지 말고 많은 사람들과 대화를 나누며 풀어 나가
려는 태도가 필요하다.　　　　　　　　　　　　　▶ 우울증 극복 방안 ③: 타인과의 대화와 소통

❺ 우울증을 앓는 사람들 중에는 우울증을 치료하기 위해서 약에 의존하는 경우
가 있다. 물론 우울증은 병이므로 약으로도 치료되지만, 약에만 의존해서는 우울
증을 근본적으로 극복하기 어렵다. 따라서 앞서 설명한 생활 속 작은 노력들부터
실천해 보는 것이 좋다. 우울증 환자 스스로의 노력이 뒷받침될 때, 약에 의존하
　　　　　　　　　　　　우울증을 근본적으로 극복하기 위한 실천 당부
지 않고도 우울증을 근본적으로 극복해 낼 수 있을 것이다.　▶ 우울증 극복을 위한 노력 당부

❯❯ 글 **내용** 한눈에 보기 •••

본문 25쪽

1 우울증 **2** 수면 **3** 운동 **4** 대화

◀ 글을 **이해해요** ▶

✓ 자기 평가

본문 26쪽

01 (내용 이해)
② ⭕ ❌

02 (내용 이해)
②, ⑤ ⭕ ❌

03 (내용 추론)
신경 전달 물질 ⭕ ❌

04 (중심 내용 쓰기)
　우울증을 극복하려면 수면과 식사를 규칙적으로 하
고, 적절한 운동을 (해야) 하며, 다른 사람들과의 대화
와 소통을 늘리려고 노력해야 한다. ⭕ ❌

01 5문단에서 우울증은 약에 의존해서는 근본적으로 극복
하기 어렵다고 했어요.

（오답 풀이）
① 1문단에서 우울증은 '마음의 감기'라고 불리는 병이라고
했어요.
③ 2문단에서 낮에 적절한 햇빛을 쬐어야 몸 안에서 심리적
안정에 도움이 되는 세로토닌과 같은 호르몬이 합성된다고
했어요.
④ 4문단에서 고민이 있을 때에는 혼자 안고 있기보다는 많
은 사람들과 대화를 나누며 풀어 나가려는 태도가 필요하다
고 했어요.
⑤ 1문단에서 우울증을 앓는 사람은 현재 잘 풀리지 않는 일
에 대해 불안해한다고 했어요.

02 이 글에서는 우울증을 극복할 수 있는 방법으로, 규칙적
수면과 식사, 적절한 운동, 다른 사람들과의 대화와 소통이라
는 세 가지 방안을 제시했어요.

03 3문단을 보면 우울증 환자의 뇌는 신경 전달 물질을 조
절하는 기능에 문제가 있는데, 운동을 하면 건강한 신경 전달
물질의 분비가 촉진되어 우울증 치유에 도움이 된다고 했어
요.

（이럴 땐 이렇게!） 빈칸 앞뒤에 언급된 '뇌', '조절 기능', '도파민,
세로토닌' 등의 단어를 살펴보면 해당 내용을 3문단에서 다루고 있음
을 확인할 수 있어요.

04 이 글은 규칙적인 수면과 식사, 적절한 운동, 다른 사람
들과의 대화와 소통을 통해 우울증을 근본적으로 극복할 수
있다고 설명하고 있어요.

◀ 어휘를 **익혀요** ▶

본문 27쪽

01 **1** ㄴ **2** ㄱ **3** ㄷ   **02** **1** ✕ **2** ⭕ **3** ⭕   **03** **1** 극복 **2** 촉진 **3** 방치

06 풍요를 부르는 품종 개량

본문 28~29쪽

> **코칭Tip** 이 글은 품종 개량의 의미와 목적, 그리고 품종 개량 농작물의 예에 대해 설명하는 글입니다. 평소 우리가 먹는 농작물이 어떻게 개량되어 왔는지 파악하며 글을 읽을 수 있도록 합니다.

1 1950년대 이후 세계 인구는 세 배 이상 늘어났고, 인간의 수명도 길어졌다. 그러자 더 많은 식량이 필요해진 사람들은 이를 위해 비료를 개발하고, 농업에 필요한 농기계를 만들고, 농작물을 괴롭히는 해충을 없애는 등 다양한 노력을 해 왔다. 그리고 같은 넓이의 농지라도 더 많은 농작물을 얻을 수 있도록 농작물의 품종을 개량하기 시작하였다.
<small>농작물의 품종 개량이 필요해진 배경</small>
▶ 더 많은 식량을 얻기 위해 시작된 품종 개량

2 **품종 개량**은 이미 있는 농작물의 특성을 더 좋게 고쳐서 실용적 가치가 높은 품종을 만들고, 이 품종을 보급하는 것을 의미한다. <small>중심 소재</small> <small>품종 개량의 개념</small> 1930년대 미국 중서부에서는 농부들이 드넓은 옥수수 밭을 경작하고 있었지만 **옥수수의 수확량은** 만족 <small>: 품종 개량이 된 농작물</small> 할 만한 수준이 아니었다. 『그래서 연구자들은 우수한 성질을 가진 옥수수 종자들 가운데 순종 4종을 구한 다음 2종씩 <small>『 』: 미국의 옥수수 품종 개량 과정</small> 교배하여 잡종을 얻고, 여기서 나온 2가지 잡종을 다시 교배하여 수확량이 많은 잡종 종자를 만들었다.』 이 잡종 옥수수 종자가 옥수수 농가에 널리 퍼져 1960년대가 되자 미국의 옥수수 수확량은 두 배 가까이 증가하였다.
<small>옥수수 품종 개량의 효과</small>
▶ 품종 개량의 예 ①: 미국의 옥수수 종자 개발

3 우리나라에서도 1960년대부터 쌀의 수확량을 늘리기 위해 새로운 벼 품종을 만드는 연구가 시작되었다. 육이오 전쟁 이후 수많은 국민이 굶주리게 되자 정부에서는 수확량을 늘릴 수 있는 새로운 벼 품종을 개발하는 데 힘을 쏟았다.
<small>벼 품종 개량이 필요해진 배경</small>
그 결과 1970년대에 서로 다른 품종의 벼를 교배하여 개발한 통일형 벼가 보급되었다. 통일형 벼 품종의 개발로 83%(1971년)였던 쌀 자급률이 109%(1977년)로 증가하였다.
<small>벼 품종 개량의 효과</small>
▶ 품종 개량의 예 ②: 우리나라의 통일형 벼 개발

4 이후 우리나라는 우리 식탁에 오르는 다양한 농작물의 품종을 꾸준히 개량해 왔다. 특히 현재 우리가 먹는 **딸기**는 2000년대 초반까지만 해도 일본에서 건너온 품종이 90%를 차지하였다. 이것을 개량하여 우리나라에서 새롭게 만든 것이 '설향, 싼타'라는 품종이다. 설향은 기존 품종에 비해서 단맛이 강하고 열매가 많이 맺히며 병충해에 강하다. 싼타 <small>우리나라에서 자체적으로 개량한 딸기 품종</small> <small>설향의 장점</small> 는 새콤달콤한 맛이 강하고 크는 속도가 빨라 수확을 빨리할 수 있으며, 과육이 단단해 잘 무르지 않아 저장성이 좋다. <small>싼타의 장점</small> 이러한 품종 개발 연구에 힘입어 예전과 달리 현재는 국산 품종의 딸기가 국내 총 재배 면적의 93%를 차지하고 있으며, 새로 개발한 국산 품종을 외국으로 수출하고 있다.
▶ 품종 개량의 예 ③: 우리나라의 딸기 품종 개발

5 농작물의 품종을 개량하는 목적은 처음에는 수확량을 늘리기 위해서였다. 『그래서 농작물이 병이나 해충에 피해를 <small>『 : 수확량을 늘리기 위한 목적으로 이루어진 초기 품종 개량의 방향</small> 입지 않도록 하거나, 가뭄이나 장마 같은 좋지 않은 환경 속에서도 잘 자랄 수 있게 하거나, 성장 속도가 빨라 수확을 빨리할 수 있는 방향으로 품종 개량이 이루어졌다.』 그러다 품종 개량 기술이 점점 더 발전하면서 수확량은 물론 농작물의 영양, 맛, 색, 질감을 더 좋게 만들 수 있게 되었다. 이처럼 농작물의 품종을 개량하여 생산성과 품질이 향상된 결과 생산자인 농민은 더 높은 이익을 얻을 수 있게 되었고, 소비자 또한 자신의 입맛에 맞는 농작물을 먹을 수 있게 되었다.
<small>발전된 품종 개량 기술에 따른 효과</small>
<small>생산자와 소비자에게 미친 품종 개량의 긍정적 영향</small>
▶ 농작물의 생산성과 품질을 좋게 하는 품종 개량

≫ 글 내용 한눈에 보기 •••

본문 29쪽

1 실용적　**2** 수확량　**3** 쌀　**4** 일본

◀ 글을 이해해요 ▶

☑ 자기 평가

본문 30쪽

01 (내용 이해)
④
◯ ✕

02 (내용 비판)
④
◯ ✕

03 (내용 추론)
④
◯ ✕

04 (중심 내용 쓰기)
　농작물의 특성을 더 좋게 고쳐서 실용적 가치가 높은 품종으로 만드는 품종 개량은 <u>농작물의 수확량을 늘리고</u>, 영양, 맛, 색, 질감 등을 더 좋게 한다.
◯ ✕

01 5문단에 품종 개량을 하는 목적이 제시되어 있는데, 품종을 개량하여 농작물의 특성을 더 좋게 만든다고 해서 기존의 맛을 없애는 건 아니에요. 옥수수나 딸기의 경우에도 품종 개량을 통해 원래의 맛을 없앤 것이 아니라, 맛과 품질을 더 좋게 만들었다는 걸 알 수 있어요.

02 2문단을 보면 미국에서는 옥수수 종자 중 순종을 교배하여 잡종을 얻고, 이를 다시 교배하여 수확량이 많은 잡종 종자를 만들었다고 했어요. 따라서 품종 개량이 잡종을 순종으로 만드는 기술이라고 보기는 어려워요.

(오답풀이)
① 5문단에서 품종 개량을 통해 농작물의 생산성과 품질이 향상되면 생산자는 더 높은 이익을 얻고, 소비자도 자신의 입맛에 맞는 농작물을 먹을 수 있게 된다고 했어요.
② 3문단을 보면 우리나라에서는 육이오 전쟁 이후 수많은 국민이 굶주리게 되자 정부에서 새로운 벼 품종을 개발해 수확량을 늘리고자 했음을 알 수 있어요.
③ 4문단을 통해 설향과 싼타는 일본 딸기 품종을 개량해 우리나라에서 새로 만든 품종임을 알 수 있어요.
⑤ 1문단에서 1950년대 이후 세계 인구가 세 배 이상 늘어나면서 많은 식량이 필요해져 농작물의 품종 개량이 시작되었다고 했어요. 따라서 농작물의 품종 개량은 식량 부족 문제를 해결하기 위한 방법의 하나로 볼 수 있어요.

03 ㉠은 현재 우리 농가 대부분이 일본 품종이 아닌 국산 품종의 딸기를 재배한다는 것을 보여 줘요. 그렇다는 것은 일본 품종보다 우리나라에서 개발한 품종의 딸기가 품질도 좋고 수익도 높아 농가의 선택을 받았다는 의미일 거예요.

04 이 글은 품종 개량의 의미와 예, 그리고 품종 개량을 통해 농작물의 수확량과 품질이 어떻게 달라지는지 설명하고 있어요.

◀ 어휘를 익혀요 ▶

본문 31쪽

01 **1** ㄴ　**2** ㄷ　**3** ㄱ　　**02** **1** 실용적　**2** 자급률　**3** 저장성　　**03** **1** 보급　**2** 개량　**3** 교배

단맛, 쓴맛의 비밀

> **코칭 Tip** 이 글은 사람들이 단맛을 좋아하고 쓴맛을 싫어하는 이유에 대해 설명하는 글입니다. 인간의 몸이 왜 단맛을 좋아하고 쓴맛을 싫어하도록 진화해 왔는지 그 과정을 파악하며 글을 읽을 수 있도록 합니다.

1 사람들은 일반적으로 단맛을 좋아하고 쓴맛을 싫어한다. 특히 아이들은 쓴 약을 먹기 싫어하기 때문에 아이들 약에는 주로 단맛이 나는 시럽이 쓰인다. 어른들 역시 쓴맛이 강한 차나 커피에 꿀이나 설탕, 시럽 등을 넣어 달게 마시곤 한다. 그렇다면 사람들은 왜 단맛을 좋아하고 쓴맛을 싫어하게 된 것일까? ▶ 단맛을 좋아하고 쓴맛을 싫어하는 일반적인 성향

2 학자들은 우리 몸이 단맛을 좋아하도록 설계되어 있기 때문이라고 말한다. 우리가 음식을 먹으면 위와 장에서 이를 소화하고 그 과정에서 영양분을 흡수한다. 이때 단맛을 느끼게 하는 탄수화물은 몸 안에서 포도당으로 분해된다. 포도당은 우리 몸의 주요 에너지원으로서 생명체가 힘을 내는 데 매우 중요한 역할을 한다. 특히 포도당은 뇌 활동에 없어서는 안 될 물질이다. 왜냐하면 뇌는 영양원으로 오직 포도당만 사용하기 때문이다. 우리 몸에서 소비되는 포도당의 약 25 % 정도를 1.4 kg 남짓한 뇌가 소비할 만큼, 뇌의 포도당 욕심은 강하다. 그래서 우리 몸은 포도당이 많이 들어 있는 단 음식을 좋아하도록 진화한 것이다. 아직 맛을 잘 모르는 갓난아기조차 단맛 나는 분유를 잘 먹는 것은 이러한 이유 때문이다. ▶ 사람들이 단맛을 좋아하는 이유

3 반면 사람들이 쓴맛을 꺼리는 이유는 무엇일까? 쓴 식물은 초식 동물로부터 자신을 보호하기 위해 일종의 독소를 분비하는데, 이 독소의 맛이 바로 쓴맛이다. 쓴맛이 나면 초식 동물은 그 식물이 독성을 가지고 있다고 생각하여 더는 뜯어 먹지 않는다. 쓴맛은 식물이 독성 물질을 경고하기 위해 발달한 것이기 때문에, 동물들이 쓴맛을 꺼리는 것은 독을 멀리하도록 설계된 감각이다. 사람의 감각 역시 마찬가지다. 다른 동물들처럼 사람들도 독성을 가진 음식을 멀리하기 위해 쓴맛에 거부감을 느끼도록 진화하였다. 그래서 사람들은 본능적으로 쓴 음식을 먹으면 얼굴을 찌푸리거나 음식을 뱉기도 한다. 물론 쓴맛이 나는 모든 음식이 독성이 있는 것은 아니니, 채소나 약을 먹을 때 쓰다고 걱정할 필요는 없다. ▶ 사람들이 쓴맛을 싫어하는 이유

4 이처럼 사람들이 단맛을 좋아하고 쓴맛을 싫어하는 데에는 진화 과정에서의 과학적 이유가 숨겨져 있다. 인간은 우리 몸에 필요한 영양분을 흡수하기 위해 단맛이 나는 음식을 좋아하도록 진화하였고, 식물의 독성으로부터 우리 몸을 지키기 위해 쓴맛에 거부감을 느끼도록 진화한 것이다. 그러니 앞으로 단 음식만 너무 좋아한다고 자책할 필요는 없다. 그것은 우리 몸의 지극히 자연스러운 반응이기 때문이다. ▶ 단맛을 좋아하고 쓴맛을 싫어하는 데 숨겨진 과학적 이유

✔ 글 내용 한눈에 보기 •••

본문 33쪽

1 단맛 **2** 쓴맛 **3** 포도당 **4** 독성 **5** 과학적

◀ 글을 이해해요 ▶

☑ 자기 평가

본문 34쪽

01 (내용 추론)
⑤
⭕ ❌

02 (내용 이해)
④
⭕ ❌

03 (내용 이해)
1 탄수화물　**2** 뇌　**3** 단(단맛)
4 독소　**5** 쓴맛　**6** 거부감
⭕ ❌

04 (중심 내용 쓰기)
　인간은 몸에 필요한 영양분을 흡수하기 위해 <u>단맛이
나는 음식을 좋아하도록</u> 진화하였고, 식물 독성으로부
터 몸을 지키기 위해 <u>쓴맛에 거부감을 느끼도록</u> 진화하
였다.
⭕ ❌

01 이 글은 설명하는 글로, 사람들이 단맛을 좋아하고 쓴맛
을 싫어하는 데 담긴 진화 과정에서의 과학적 이유를 밝히고
있어요.

02 이 글에서는 쓴맛이 나는 음식이 왜 쓴맛이 나는지는 설
명하고 있지만, 쓴맛을 없애기 위해 어떤 방법을 써야 하는지
는 설명하고 있지 않아요.

(오답풀이)
① 3문단에서 쓴 식물은 독소를 분비하는데, 이 독소의 맛이
쓰다고 했어요.
②, ③ 2문단에서 단 음식에는 우리 몸의 주요 영양분인 포
도당이 많이 들어 있기 때문에, 우리 몸은 단맛을 좋아하도록
진화해 왔다고 했어요.
⑤ 3문단에서 우리 몸은 독성을 가진 음식을 멀리하기 위해
쓴맛을 꺼리도록 진화해 왔다고 했어요.

03 사람들이 단맛을 좋아하도록 진화한 것에 대한 내용은
2문단에, 쓴맛을 싫어하도록 진화한 것에 대한 내용은 3문단
에 나와 있어요. 2문단에서는 우리가 음식을 먹으면 탄수화물
이 몸 안에서 포도당으로 분해되는데, 이 포도당은 우리 몸의
주요 에너지원이자 뇌의 영양원이라고 했어요. 그래서 우리
몸은 포도당이 많이 든 단 음식을 좋아하도록 진화한 거예요.
그리고 3문단에서는 쓴 식물이 초식 동물로부터 자신을 보호
하고자 독소를 분비하는데, 이 독소가 쓴맛이 난다고 했어요.
그래서 사람을 비롯한 동물들은 독성을 가진 음식을 멀리하
기 위해 쓴맛에 거부감을 느끼도록 진화했다고 했어요.

04 이 글은 인간이 영양분 흡수를 위해 단맛을 좋아하도록
진화해 왔고, 식물 독성으로부터 몸을 보호하기 위해 쓴맛을
싫어하도록 진화해 왔음을 설명한 글이에요.

◀ 어휘를 익혀요 ▶

본문 35쪽

01 **1** ㄴ　**2** ㄷ　**3** ㄱ　　**02** **1** 진화　**2** 남짓　　**03** **1** 설계　**2** 경고　**3** 자책

쇼핑, 어디까지 진화할까

코칭 Tip 이 글은 최근 쇼핑의 모습을 변화시킨 리테일테크에 대해 설명하는 글입니다. 리테일테크의 개념과 그것이 우리 삶에 가져온 변화가 무엇인지 파악하며 글을 읽을 수 있도록 합니다.

1 인터넷과 같은 정보 통신 기술이 발달하면서 오프라인 상점에서만 이루어지던 거래가 온라인 상점으로 넘어왔다. 『사람들은 온라인 네트워크를 활용함으로써 시간과 장소에 구애를 받지 않고, 언제 어디서나 상품이나 서비스를 사고팔 수 있게 되었다. 요즘에는 스마트폰이 널리 보급되면서 모바일 쇼핑을 하는 사람들도 급격히 늘어났다.』손가락만 움직 『 』: 정보 통신 기술 발달에 따른 쇼핑의 변화 여 물건을 사고, 그 물건을 집에서 받을 수 있게 된 것은 가히 혁명적인 변화였다. ▶ 온라인 네트워크를 활용한 쇼핑의 특징

2 이러한 온라인 상점에 밀려서 한동안 어려움을 겪었던 오프라인 상점이 최근 **리테일테크**를 통해 다시 주목받고 있 중심 소재 다. '리테일테크'란 소매를 뜻하는 '리테일(retail)'과 '기술(technology)'을 합한 단어로 소매점에 첨단 정보 통신 기술을 리테일테크의 개념 접목한 것을 뜻한다. 유통업계는 마트, 편의점, 음식점 등의 오프라인 소매점에 첨단 정보 통신 기술을 접목하여 편리 하고 새로운 생활 방식을 이끌어 내고자 노력하고 있다. 리테일테크는 결제, 매장 관리, 마케팅, 상품 추천 등의 세부 리테일테크가 적용된 세부 분야 분야에 다양한 형태로 접목되고 있다. ▶ 리테일테크의 개념과 그 세부 분야

3 리테일테크가 가져온 변화 중 가장 두드러진 것은 무인 상점의 등장이다. 음식점에서 점원이 아닌 무인 주문기를 리테일테크가 가져온 변화 ① 통해 주문을 하고 음식을 받아 본 경험이 있을 것이다. 『세계 최대의 전자 상거래 업체인 아마존은 현재 '아마존 고'라는 『 』: 한 기업의 사례를 들어 무인 상점의 특징을 보여 줌 무인 상점을 운영하고 있다. 아마존 고에서는 천장에 달린 카메라의 인공 지능 센서가 고객과 물건을 추적해서 앱에 등 록된 신용 카드 정보를 이용해 자동으로 물건값을 결제한다.』이렇듯 첨단 기술이 점원의 역할을 대신할 수 있다면 머지 않아 무인 상점이 우리 주변에 흔하게 생길 것이다. ▶ 리테일테크가 가져온 변화 ①: 무인 상점의 등장

4 두 번째 변화는 인공 지능(AI) 챗봇의 등장이다. 챗봇은 사용자와 대화를 나누며 질문에 대답을 하거나 질문과 관 리테일테크가 가져온 변화 ② 챗봇의 개념 련한 정보를 제공하는 인공 지능 기반의 커뮤니케이션 소프트웨어이다. 쇼핑 중에 챗봇과 대화하여 상품의 위치를 안 챗봇을 활용한 쇼핑의 형태 내받거나, 상품 종류가 다양해서 선택하기 어려울 때 챗봇이 상품을 추천해 주는 등 다양한 형태로 챗봇이 활용되고 있 다. ▶ 리테일테크가 가져온 변화 ②: 인공 지능 챗봇의 등장

5 이 밖에 얼굴, 목소리, 홍채, 손바닥 등 사용자 고유의 생체 정보를 인식해 결제하는 바이오 페이(Bio pay) 시스템 바이오 페이 시스템의 개념 리테일테크가 가져온 변화 ③ 의 등장이 있다. 이 시스템은 간편하게 물건값을 결제할 수 있다는 장점이 있지만 정보 유출의 위험성이 있다는 단점이 바이오 페이 시스템의 장점 바이오 페이 시스템의 단점 있다. 비밀번호를 활용한 결제 시스템은 해킹을 당했을 때 비밀번호를 변경하면 문제가 해결된다. 하지만 생체 정보는 사용자 고유의 정보이기 때문에 해킹을 당하면 영구적인 피해로 이어질 수 있다. 이러한 정보 유출의 위험성 외에도 리 테일테크는 기계를 다루는 데 익숙하지 않거나 시스템을 처음 접하는 사람들이 서비스를 사용하기 어렵다는 한계가 있 리테일테크의 한계 다. 그러나 『첨단 기술이 나날이 발전하고 있어 이러한 한계를 보완한 시스템 개발이 이루어질 것으로 예상된다. 상품 『 』: 리테일테크의 전망 구매의 편의성을 높이고 소비자에게 흥미로운 경험을 선사할 리테일테크의 앞날이 기대된다.』 ▶ 리테일테크가 가져온 변화 ③: 바이오 페이 시스템의 등장, 리테일테크의 한계와 전망

❯❯ 글 내용 한눈에 보기 ●●●

본문 37쪽

① 통신　**②** 무인　**③** 챗봇　**④** 바이오　**⑤** 생체

◀ 글을 이해해요 ▶

☑ 자기 평가

본문 38쪽

01 (내용 이해)
④　　　　○ ✕

02 (내용 비판)
⑤　　　　○ ✕

03 (내용 추론)
상품 추천　　　　○ ✕

04 (중심 내용 쓰기)
　소매점에 첨단 정보 통신 기술을 접목한 리테일테크
는 무인 상점, 인공 지능 챗봇, 바이오 페이 시스템을
등장시키며 쇼핑에 많은 변화를 가져왔다.　○ ✕

01 3문단에서 리테일테크로 무인 상점이 등장했다고 했는
데, 무인 상점은 말 그대로 점원이 없는 상점을 뜻해요. 따라
서 점원에게 물건값을 계산해 달라고 하는 모습은 리테일테
크가 가져온 변화로 볼 수 없어요.

(오답 풀이)
① 3문단에서 무인 상점이 등장하면서 음식점에서 점원이 아
닌 무인 주문기를 통해 주문할 수 있게 되었다고 했어요.
②, ⑤ 4문단에서 인공 지능 챗봇이 등장하면서 사용자는 챗
봇에게 상품의 정보를 제공받거나 매장에서 상품의 위치를
안내받을 수 있다고 했어요.
③ 5문단에서 바이오 페이 시스템이 등장하면서 손바닥과 같
은 생체 정보를 인식해 물건값을 결제할 수 있게 되었다고 했
어요.

02 5문단에 리테일테크의 한계와 전망이 나와 있어요. 5문
단의 마지막 문장에서 '~ 리테일테크의 앞날이 기대된다.'라
고 마무리한 것을 보면 글쓴이는 리테일테크에 대해 긍정적
인 입장임을 알 수 있어요.

(이럴 땐 이렇게!) 전망은 앞날을 헤아려 보는 것으로, 대부분 글의 끝
부분에서 제시돼요.

03 제시된 그림에서 소비자가 인공 지능 챗봇에게 상품을
추천해 달라고 요청하자, 챗봇이 적절한 상품을 추천하고 있
어요. 따라서 이는 리테일테크가 상품 추천 분야에 적용된 것
이에요.

04 이 글은 리테일테크의 개념과 리테일테크가 쇼핑에 어
떤 변화를 가져왔는지 설명한 글이에요.

(이럴 땐 이렇게!) 밑줄 친 부분에는 리테일테크의 개념이 무엇인지
들어가야 해요.

◀ 어휘를 익혀요 ▶

본문 39쪽

01 **①** 구애　**②** 영구적　**③** 소매　　**02** **①** 유출　**②** 편의성　　**03** **①** 선사　**②** 운영　**③** 접목

09 미래에 기대되는 직업

본문 40~41쪽

코칭 Tip 이 글은 미래에 기대되는 몇몇 직업에 대해 소개하는 글입니다. 사회 변화에 따라 미래에 기대되는 직업에는 무엇이 있으며 그 직업을 갖기 위해 어떤 점을 준비해야 하는지 파악하며 글을 읽을 수 있도록 합니다.

1 직업은 시대에 따라 사라지기도 하고 새로 생겨나기도 한다. 앞으로 직업은 더 다양해지고 전문화, 세분화될 것이다. 그렇다면 미래에 기대되는 직업에는 무엇이 있을까? 첫 번째 미래 직업은 컨벤션 기획자이다. 세계화가 진행되면서 국가 간 물자와 사람의 교류가 늘어나며 이에 따라 국제회의도 활성화되고 있다. 컨벤션 기획자는 국제회의나 엑스포 같은 큰 규모의 국제 행사를 기획하고 홍보하는 일을 한다. 국제 행사의 장소와 참가자를 찾아 결정하고 참가자의 일정을 관리한다. 또 세계 각국을 다니며 행사를 홍보한다. 『컨벤션 기획자는 국제 행사를 진행하므로 외국어를 잘해야 한다. 또한 여러 나라의 문화와 역사를 깊이 있게 이해해야 하고, 광고나 전시 기획과 관련한 공부도 꾸준히 하는 것이 좋다.』 ▶ 미래에 기대되는 직업 ①: 컨벤션 기획자

2 두 번째 미래 직업으로는 나무 의사가 있다. 『전 세계적으로 공업화와 도시화가 진행됨에 따라 환경 오염이 날로 심각해지고 있다. 따라서 환경 문제를 해결하는 일은 미래 사회에서 중요한 과제가 될 것이며 환경친화적인 일을 하는 직업이 늘어날 것이다.』 나무 의사는 나무의 상태를 관찰하며 병든 나무를 돌보고 나무가 잘 자랄 수 있도록 관리한다. 병과 해충의 피해를 예방하기 위해 나무에 약품을 뿌리고, 줄기나 뿌리에 난 상처를 치료하거나 수술한다. 『나무 의사가 되려면 여러 나무의 특성을 잘 알고, 나무에 생긴 병을 구별할 줄 아는 관찰력이 있어야 한다. 이와 함께 임업과 관련한 전문 지식을 갖추는 것이 좋다.』 ▶ 미래에 기대되는 직업 ②: 나무 의사

3 세 번째 미래 직업은 푸드 스타일리스트이다. 『생활 수준이 높아지면서 맛과 멋으로 음식을 즐기는 사람이 늘고 있다. 또한 SNS에 음식 사진을 올리는 문화가 유행하며 음식을 보기 좋게 연출하는 방법에 대한 관심도 높아지고 있다.』 이에 따라 앞으로 음식과 관련한 다양한 직업이 생길 것이다. 푸드 스타일리스트는 영화, 드라마, 광고 등의 촬영에 필요한 음식 장면을 연출한다. 요리와 어울리는 그릇에 음식을 담고 식탁을 꾸미는 등의 전반적인 일을 하는 것이다. 또 식당에 필요한 새로운 메뉴를 개발하거나 요리책에 소개할 조리법을 작성하기도 한다. 『푸드 스타일리스트가 되려면 음식에 대한 전문적인 지식과 요리 실력을 갖추어야 한다. 또한 식탁을 아름답게 꾸미기 위한 미적 감각과 색채 감각이 필요하다.』 ▶ 미래에 기대되는 직업 ③: 푸드 스타일리스트

4 마지막 미래 직업은 데이터베이스 관리자이다. 『현대 사회는 컴퓨터에 방대한 자료를 저장해 두고 활용하는 정보화 사회이다. 따라서 프로그램을 관리하는 일, 컴퓨터 바이러스를 치료하는 일, 정보를 안전하게 관리하는 일 등을 하는 컴퓨터 관련 직업들이 계속적으로 필요할 것이다.』 데이터베이스 관리자는 컴퓨터에 저장된 많은 자료를 체계적으로 수집하고 정리하여 효과적으로 이용할 수 있게 한다. 데이터를 분석하여 데이터베이스 시스템을 구축한다. 또 시스템에 문제가 생기면 빠르게 복구하고, 주기적으로 백업하여 시스템을 안정적으로 운영한다. 『데이터베이스 관리자가 되려면 기본적으로 여러 가지 컴퓨터 프로그램을 잘 다룰 줄 알아야 한다. 그리고 복잡한 자료를 체계적으로 수집하고 정리하는 능력을 기르는 것이 좋다.』 ▶ 미래에 기대되는 직업 ④: 데이터베이스 관리자

❯❯ 글 **내용** 한눈에 보기 •••

본문 41쪽

1 홍보 **2** 나무 **3** 음식 **4** 컴퓨터

❮ 글을 **이해해요** ❯

✔ 자기 평가

본문 42쪽

01 (내용 추론)
⑤ ○ ✕

02 (내용 이해)
② ○ ✕

03 (내용 비판)
④ ○ ✕

04 (중심 내용 쓰기)
　미래에 기대되는 직업으로는 <u>컨벤션 기획자, 나무 의사, 푸드 스타일리스트, 데이터베이스 관리자</u>가 있다.

○ ✕

01 컨벤션 기획자는 세계화가 진행되며 활성화된 국제 행사들을 기획하고 홍보하는 일을 한다고 했어요. 물건을 사고파는 '무역'은 세계화와 관련 있기는 하지만 국제 행사를 기획하는 컨벤션 기획자와는 관련이 없는 일이에요.

(오답 풀이)
①, ④ 컨벤션 기획자는 국제 행사를 진행하며 세계 각국의 사람들을 만나므로, 외국어로 대화할 수 있어야 하고 여러 나라의 문화와 역사를 깊이 있게 이해해야 해요.
②, ③ 컨벤션 기획자는 국제회의나 엑스포 같은 국제 행사를 기획, 홍보하고, 행사 장소와 참가자를 찾아 결정해요.

02 나무 의사는 나무가 잘 자랄 수 있도록 관리하는 직업이에요. 그러니 나무를 사용한 다양한 제품을 개발하는 것은 나무 의사가 하는 일과 관련이 없어요.

03 데이터베이스 관리자는 컴퓨터에 저장된 많은 자료를 체계적으로 수집하고 정리하는 일을 하므로 기본적으로 컴퓨터 프로그램을 잘 다룰 줄 알아야 해요.

(오답 풀이)
① 미적 감각과 색채 감각은 나무 의사가 아니라 푸드 스타일리스트에게 필요한 자질이에요.
② 컴퓨터에 데이터를 정리하는 능력이 필요한 직업은 컨벤션 기획자가 아니라 데이터베이스 관리자예요.
③ 식물과 관련한 전문 지식은 푸드 스타일리스트가 아니라 나무 의사에게 필요해요.
⑤ 데이터베이스 관리자는 컴퓨터와 관련된 수많은 직업 중 하나예요.

04 이 글은 미래에 기대되는 직업 가운데 컨벤션 기획자, 나무 의사, 푸드 스타일리스트, 데이터베이스 관리자라는 네 가지 직업의 특징을 설명하고 있어요.

❮ 어휘를 **익혀요** ❯

본문 43쪽

01 **1** ○ **2** ○ **3** ✕   **02** **1** 기획 **2** 활성화 **3** 전반적   **03** **1** 방대 **2** 백업 **3** 구축

10 세계 건축물 탐방

코칭 Tip 이 글은 세계의 유명 건축물에 담긴 이야기와 각 건축물의 특징에 대해 설명하는 글입니다. 각 건축물이 지어진 시기와 목적, 그리고 각 건축물의 특징이 무엇인지 파악하며 글을 읽을 수 있도록 합니다.

1 세계적으로 유명한 건축물에는 특별한 사연이 있다. 지금부터 유명 건축물에 담긴 이야기와 건축물의 특징을 알아
보자. 프랑스 파리 중심부에는 철재로 만들어진 높은 탑 하나가 우뚝 서 있다. 바로 에펠탑이
다. 이 탑은 1889년에 열렸던 파리 만국 박람회의 개최에 맞추어 프랑스 건축가 구스타브 에펠
의 설계로 세워졌다. 에펠은 2년 2개월 만에 높이 300미터의 탑을 완공했다. 이는 그 당시 기
술 수준으로서는 대단한 성과였다. 『그러나 공사 시작 때부터 사람들의 반대가 컸다. 탑이 벼락
을 맞거나 내려앉을 것을 우려하여 공사를 중단하라는 요구도 있었다. 완공 후에도 파리의 아
름다움을 해친다며 철거를 요구하는 항의가 빗발쳤다.』하지만 오늘날 에펠탑은 전 세계 사람
들의 사랑을 받으며 파리를 상징하는 명소가 되었다.

▲ 프랑스의 랜드마크인 에펠탑

▶ 파리 만국 박람회 개최에 맞추어 설계된 철탑인 에펠탑

2 스페인 바르셀로나에 있는 사그라다 파밀리아 성당은 1882년에 공사를 시작하여 여전
히 짓고 있다. 『건축가 안토니오 가우디는 '가난한 사람들을 위한 성당'이 되도록 이 성당을 설
계하고 40여 년간 건축하였으나 1926년에 갑작스러운 사고로 세상을 떴다.』이 성당은 보통
의 건축물과 달리 외벽의 선이 곡선 형태여서 움직일 듯한 느낌을 준다. 성당 내부는 나무처
럼 생긴 기둥, 별을 닮은 무늬가 박힌 천장, 나선형 계단 등 독특한 형태의 공간으로 차 있어
신비로움을 준다. 수많은 관광객이 찾고 있는 지금도 공사가 진행 중이며 가우디의 사망 100
주기인 2026년에 맞추어 완공하는 것이 목표라고 한다.

▲ 공사 중인 사그라다 파밀리아 성당

▶ 백 년이 넘도록 짓고 있는 사그라다 파밀리아 성당

3 인도 아그라 남쪽에 가면 궁전 형식의 무덤인 타지마할을 볼 수 있다. 타지마할은
무굴 제국의 제5대 황제인 샤 자한이 왕비 뭄타즈 마할을 추모하기 위해 건설한 것이다.
왕은 사랑하는 왕비가 죽자 실의에 빠졌고, 무덤을 지어 왕비를 기억하고자 했다. 『타지
마할은 흰색 대리석의 웅장함, 보석 장식의 화려함, 조형과 비례의 아름다움, 정교한 건
축 기술이 총망라된 뛰어난 건축미를 보여 준다. 특히 중앙 돔을 중심으로 건물이 완벽한
좌우 대칭을 이루고 있는 것이 특징이다.』당시 기술로 이런 건축물을 22년 만에 지으려다 보니, 타지마할 건축에 국가
재정을 다 쓴 샤 자한은 왕위에서 쫓겨나 탑에 갇혔다가 훗날 왕비와 함께 타지마할 지하에 묻혔다.

▲ 완벽한 대칭을 보여 주는 타지마할

▶ 죽은 왕비를 추모하기 위해 지은 궁전 형식의 무덤인 타지마할

4 이탈리아 로마에는 2천 년 전, 고대 로마 제국 때 건설된 원형 경기장인 콜로세움이
있다. 콜로세움은 4층 구조이며 약 5만 명에서 8만 명에 달하는 사람들이 입장할 수 있
는 거대한 규모이다. 이 건물은 지붕이 없는 대신 천장에 질긴 천을 덮어서 비나 햇빛을
가렸다. 관람석은 둥글게 계단식으로 만들어져 있으며 신분에 따라 층별로 자리가 구분
되어 있었다. 이곳에서 검투사들의 대결이 열리고, 연극이나 서커스와 같은 공연이 상연
되었다. 서로마 제국의 멸망 후에 방치되었던 콜로세움은 석재 등을 도난당해 지금은 원래 모습의 3분의 1 정도만 남아
있다.

▲ 거대한 원형 경기장인 콜로세움

▶ 고대 로마 제국 때 지은 원형 경기장인 콜로세움

글 내용 한눈에 보기 •••

본문 45쪽

1 에펠탑   **2** 곡선   **3** 타지마할   **4** 무덤   **5** 원형

글을 이해해요

☑ 자기 평가

본문 46쪽

01 (내용 이해)
②   ○ ✕

02 (내용 추론)
③   ○ ✕

03 (내용 비판)
③   ○ ✕

04 (중심 내용 쓰기)

특별한 사연을 지닌 세계 유명 건축물에는 건설 당시 많은 반대가 있었으나 지금은 명소가 된 에펠탑, 아직도 <u>공사가 진행 중인</u> 사그라다 파밀리아, 왕비를 추모하고자 지어진 타지마할, 그리고 거대한 <u>원형 경기장</u>이었던 콜로세움이 있다.

01 2문단에 의하면 사그라다 파밀리아가 여전히 공사 중인 이유는 전쟁으로 훼손되어서가 아니라 이 성당을 설계하고 건축한 안토니오 가우디가 갑자기 세상을 뜬 이후로 아직까지 완공을 하지 못하였기 때문이에요.

02 에펠탑은 철재로 만들어졌지만 타지마할은 대리석으로 만들어진 건축물이에요.

(이럴 땐 이렇게!) 두 가지 대상을 한 번에 묻는 문제를 풀 때에는 선지에 다른 대상에 해당하는 설명이 들어가지는 않는지, 공통점이 아닌데 하나의 선지로 묶여 있지는 않은지 살펴봐야 해요.

03 4문단에서 콜로세움은 지붕이 없는 대신 천장에 질긴 천을 덮어서 비나 햇빛을 가리게 했다고 했어요. 그러니 콜로세움을 비나 햇빛 같은 자연을 중시하여 지어진 건물이라고 볼 수 없어요.

(오답 풀이)
① 콜로세움에서는 검투사들의 대결이 열리고, 연극, 서커스와 같은 공연이 상연되었어요.
② 콜로세움은 4층 구조이며 약 5만 명에서 8만 명이 들어갈 수 있는 거대한 규모이므로 많은 사람이 동원되어 지어졌을 거예요.
④ 콜로세움의 관람석은 신분에 따라 층별로 자리가 구분되어 있었다고 했어요. 이로 보아 고대 로마 제국은 명확한 신분 제도가 있었을 거예요.
⑤ 거대한 규모로 지어진 콜로세움을 보면 고대 로마가 매우 번영한 나라였다고 추측할 수 있어요.

04 이 글은 세계 유명 건축물 중 파리의 에펠탑, 바르셀로나의 사그라다 파밀리아, 인도 아그라의 타지마할, 로마의 콜로세움에 담긴 이야기와 각 건축물의 특징을 설명하고 있어요.

어휘를 익혀요

본문 47쪽

01 **1** ㄴ   **2** ㄷ   **3** ㄱ   **02** **1** ✕   **2** ○   **3** ○   **03** **1** 정교   **2** 완공   **3** 추모

11 농사와 관련된 명절

본문 48~49쪽

코칭Tip 이 글은 농사와 관련된 우리나라의 대표적인 네 가지 명절에 관해 설명하는 글입니다. 각 명절의 의미와 이날 하는 일이 무엇인지 파악하고, 조상들이 이 명절들을 어떤 마음으로 지내 왔는지 이해하며 글을 읽을 수 있도록 합니다.

1 명절은 농경 사회였던 우리나라의 세시 풍속으로, 해마다 농사력에 맞추어 행해지는 큰 행사였다. 우리나라의 명절에는 설, 정월 대보름, 단오, 추석 등이 있으며, 이는 모두 농사와 깊은 관련이 있다. 먼저 설은 음력 1월 1일로, 한 해 농사를 비롯해 모든 것을 새롭게 시작하는 뜻깊은 날이다. 우리 조상들은 한 해의 운수가 설과 관계가 있다고 믿어, 삼국 시대 이전부터 음력 정월 초하루에 하늘에 제사를 지내며 풍년을 기원하였다. '설'이란 말은 '삼가다'라는 말에서 나왔는데, 한 해 농사가 시작되는 날인 만큼 모든 일을 신중하게 하라는 뜻이 담겨 있다. 실제로 조상들은 설을 아주 조심스럽게 맞이하였다. 설에는 아침 일찍 일어나 옷을 깨끗이 갈아입고 식구들의 건강과 행복을 기원하며 차례를 지냈다. ▶ 설의 의미와 이날 하는 일

2 정월 대보름은 음력 1월 15일로, 명절 중에서도 비중이 크고 뜻깊은 날이기 때문에 '대보름'이라고 일컬었다. 정월 대보름이 되면 사람들은 부럼, 오곡밥, 여러 가지 나물, 약밥 등 겨울철에 구할 수 있는 음식거리를 최대한 장만하여 먹었다. 여기에는 곧이어 다가올 농사철에 대비하여 영양을 보충하자는 뜻이 담겨 있다. 또 정월 대보름에는 외양간 앞에 상을 차려 일 년 내내 소가 농사일을 잘하기를 기원하기도 하였다. 이 외에도 달집태우기나 줄다리기 등 농사와 관련된 전통 놀이를 즐겼다. 그중 달집태우기는 짚단과 나뭇가지를 묶어서 무더기로 쌓아 올린 '달집'을 세운 다음, 불에 태워 놀며 풍년을 기원하는 놀이였다. ▶ 정월 대보름의 의미와 이날 하는 일

3 단오는 음력 5월 5일로 설날, 추석과 함께 우리나라 3대 명절 중 하나이다. 단오는 봄철 모내기를 마무리하고 더운 여름을 맞으며 농경의 풍작과 풍요를 기원하는 날이다. 사람들은 단오가 되면 풍년을 기원하고 더운 여름을 나기 위한 건강을 바라며 수리취떡, 앵두화채 등을 먹었다. 또한 남자들은 씨름을 하며 자신의 힘과 실력을 자랑하였고, 여자들은 창포물로 감은 머리를 단장하거나 그네뛰기를 통해 자신의 실력을 뽐냈다. ▶ 단오의 의미와 이날 하는 일

4 추석은 음력 8월 15일로, 한 해 농사를 수확하고 나서 오곡백과를 차려 놓고 잔치를 벌이며 조상들께 감사하는 마음을 전했던 날이다. 조상들은 삼국 시대부터 추석을 '가윗날' 또는 '한가윗날'이라고 부르며 큰 명절로 지내 왔다. 가위란 '가을의 중간'이란 뜻이고 한가위란 '가을의 큰 명절'이란 뜻이다. 추석날에 조상들은 농사의 수확물인 햇과일과 햇곡식으로 음식을 장만해 차례를 지내고, 조상들의 무덤을 찾아 성묘를 했다. 그리고 무덤 주위에 무성하게 자란 잡초를 베어 내고 말끔하게 손질을 했다. ▶ 추석의 의미와 이날 하는 일

5 이처럼 우리나라의 대표 명절인 설, 정월 대보름, 단오, 추석은 모두 농사와 깊은 관련이 있다. 우리나라가 예로부터 농경에 기반한 사회였기 때문에 농사에 있어 중요한 날이 곧 명절이 된 것이다. 명절마다 기념하는 시기와 먹는 음식, 즐기는 문화 등은 제각기 다르지만, 풍년을 바라고 조상에게 감사함을 전하는 날이라는 의미는 같다고 할 수 있다. ▶ 농사와 관련된 명절들의 공통된 의미

⋙ 글 내용 한눈에 보기 •••

본문 49쪽

❶ 설 　❷ 영양 　❸ 단오 　❹ 성묘 　❺ 풍년

◀ 글을 이해해요 ▶

☑ 자기 평가

본문 50쪽

01 (내용 이해)
③

○ ✕

02 (내용 이해)
❶ ㄴ 　　❷ ㄱ 　　❸ ㄷ
❹ ㄹ

○ ✕

03 (내용 추론)
③

○ ✕

04 (중심 내용 쓰기)
　우리나라의 대표 명절인 설, 정월 대보름, 단오, 추석
은 모두 <u>농사와 깊은 관련이 있으며</u>, 풍년을 바라고 조
상에게 감사하는 마음을 전하는 날이다.

○ ✕

01 이 글에서는 우리나라 대표 명절인 설, 정월 대보름, 단오, 추석의 시기와 뜻 그리고 각 명절에 먹는 음식과 하는 놀이에 대해 소개하고 있어요. 하지만 각 명절에 무슨 옷을 입는지는 설명하고 있지 않아요.

02 설에 하는 일은 1문단에, 단오에 하는 일은 3문단에, 추석에 하는 일은 4문단에, 정월 대보름에 하는 일은 2문단에 나와 있어요. 1문단에서 설에는 아침 일찍 일어나 옷을 깨끗이 갈아입고 식구들의 건강과 행복을 기원하며 차례를 지냈다고 했어요. 3문단에서 단오에는 풍년을 기원하고 더운 여름을 나기 위한 건강을 바라며 수리취떡과 앵두화채 등을 먹었다고 했어요. 그리고 4문단에서 추석에는 한 해 농사를 수확하고 나서 오곡백과를 차려 놓고 잔치를 벌이며 조상들께 감사하는 마음을 전했다고 했어요. 또 2문단에서 정월 대보름에는 외양간 앞에 상을 차려 일 년 내내 소가 농사일을 잘하기를 기원했다고 했어요.

03 오곡밥을 먹고 달집태우기 놀이를 하는 명절은 추석이 아니라 정월 대보름이에요.

(오답 풀이)
① 5문단에서 우리나라의 대표 명절인 설, 정월 대보름, 단오, 추석은 모두 농사와 깊은 관련이 있다고 했어요.
② 1~4문단의 내용을 통해 볼 때, 명절마다 기념 시기와 먹는 음식, 하는 놀이는 제각기 다르다는 것을 알 수 있어요.
④ 1문단에서 설은 한 해 농사를 처음 시작하는 날인 만큼 조상들이 아주 조심스럽게 설을 맞이했다고 했어요.
⑤ 3문단에서 단오는 봄철 모내기를 마무리하고 더운 여름을 맞으며 농경의 풍작과 풍요를 기원하는 날이라고 했어요.

04 이 글은 농사와 관련이 깊은 우리나라의 대표적인 네 가지 명절의 의미와 명절마다 하는 일에 대해 설명하고 있어요.

◀ 어휘를 익혀요 ▶

본문 51쪽

01 ❶ ㄴ 　❷ ㄱ 　❸ ㄷ 　　**02** ❶ ○ 　❷ ○ 　❸ ✕ 　　**03** ❶ 신중 　❷ 기반 　❸ 장만

웨어러블 디바이스

코칭 Tip 이 글은 최근 많은 사람들이 활용하고 있는 웨어러블 디바이스에 관해 설명하는 글입니다. 웨어러블 디바이스의 개념과 종류, 그리고 웨어러블 디바이스를 활용하여 우리가 어떤 편리와 혜택을 누릴 수 있는지 파악하며 글을 읽을 수 있도록 합니다.

❶ 이제는 스마트폰을 들고 다니지 않는 사람을 보기 힘들 정도로 '손 안의 작은 컴퓨터'라고 불리는 스마트폰의 사용이 일상화되었다. 스마트폰으로 언제 어디서나 인터넷을 이용해서 정보를 주고받을 수 있게 된 것이다. 최근에는 스마트폰이나 태블릿 피시처럼 손으로 들고 다니는 기기에서 나아가 몸에 착용하는 형태로 된 기기들이 등장하고 있다. 이렇게 입거나, 쓰거나, 신거나, 찰 수 있는 형태의 기기를 '웨어러블 디바이스'라고 한다. '웨어러블(wearable)'은 착용할 수 있다는 의미이고, '디바이스(device)'는 장치나 기기를 의미한다.
웨어러블 디바이스의 개념 / 중심 소재 / 단어의 뜻을 통해 웨어러블 디바이스의 개념을 풀이함
▶ 웨어러블 디바이스의 개념

❷ 그렇다면 웨어러블 디바이스에는 어떤 종류가 있으며, 어떤 특징이 있는지 살펴보자. 디바이스의 착용 위치에 따라 그 종류를 나누어 볼 수 있는데, 머리나 얼굴에 착용하는 것으로는 헤드 밴드나 안경 형태의 디바이스가 있다. 팔에 착용하는 것으로는 시계나 손목 밴드 형태의 디바이스가 있다. 티셔츠와 바지 같이 몸에 착용하는 옷 형태의 디바이스
웨어러블 디바이스의 종류 나누는 기준 / 웨어러블 디바이스의 종류 ① / 웨어러블 디바이스의 종류 ②
도 있으며, 발에 착용하는 양말이나 신발 형태의 디바이스도 있다. 이 중에서도 대표적인 웨어러블 디바이스로는 안경
웨어러블 디바이스의 종류 ③ / 웨어러블 디바이스의 종류 ④
형태와 시계 형태를 들 수 있다.
▶ 착용 위치에 따른 웨어러블 디바이스의 종류와 대표적인 웨어러블 디바이스

❸ 먼저 안경 형태의 웨어러블 디바이스의 특징과 용도를 알아보자. 주로 스마트 글라스라고 부르는데, 보통 디스플레이와 카메라를 갖추고 있다. 디스플레이란 스마트 글라스를 쓴 사람만 볼 수 있는 화면으로, 한쪽 눈으로 보는 형태
대표적인 웨어러블 디바이스 ① / 디스플레이의 개념
도 있고 양쪽 눈으로 보는 형태도 있다. 착용자는 이 화면을 통해 정보를 확인하거나 화면 속 가상 현실 안에서 여러 활동을 즐길 수 있다. 스마트 글라스에는 카메라가 있어서 착용자의 음성이나 시선만으로 사진을 찍거나 동영상을 촬영
안경 형태 웨어러블 디바이스의 용도
할 수 있고, 착용자가 보는 장면을 다른 사람과 공유할 수도 있다.
▶ 웨어러블 디바이스의 특징과 용도 ①: 안경 형태

❹ 시계 형태의 웨어러블 디바이스는 주로 스마트 워치라고 부르는데, 이는 시계에 있는 디스플레이 화면에 정보가
대표적인 웨어러블 디바이스 ②
표시된다.『스마트 워치는 스마트폰과 연결하여 메시지와 메일을 받아 보거나, 전화 통화를 하거나, 날씨와 위치를 확인
『 』: 시계 형태 웨어러블 디바이스의 용도
할 수 있다. 또 운동량, 수면 시간 등을 기록하여 건강을 관리하는 용도로도 쓸 수 있다.』안경이나 시계 형태 외에도 헤드 밴드나 손목 밴드, 의복 등의 형태를 한 디바이스도 꾸준히 개발되고 있다. 웨어러블 디바이스는 건강 관리를 위해 개발되는 경우도 많다.『기기에 장착된 센서로 뇌파를 기록하여 착용자의 스트레스와 집중도를 분석한 정보를 보여 주
『 』: 건강 관리를 위해 개발된 웨어러블 디바이스의 형태
는 헤드 밴드형 디바이스나 착용자의 자세를 체크하여 바른 자세를 지니게 해 주는 벨트형 디바이스가 개발되기도 하였다.』
▶ 웨어러블 디바이스의 특징과 용도 ②: 시계 형태 및 다양한 형태

❺ 웨어러블 디바이스를 활용하면 우리는 다양한 편리와 혜택을 누릴 수 있다. 일단 스마트 기기를 손에 들고 다닐 필요가 없으므로 두 손이 자유로워진다. 또 기기를 꺼낼 필요 없이 바로 정보를 확인하고, 필요한 경우에는 저장할 수 있
웨어러블 디바이스의 장점 ① / 웨어러블 디바이스의 장점 ②
다. 생각나는 것을 바로 음성으로 저장하거나 지금 보는 것을 바로 시각적 이미지로 저장할 수 있는 것이다. 기기가 몸에 부착되어 있기 때문에 건강 관리에도 유용하게 사용할 수 있다. 각종 센서를 활용하여 그때그때의 몸 상태를 즉각적으로 확인할 수 있기 때문이다. 웨어러블 디바이스는 게임에도 많이 활용되고 있다. 증강 현실이나 가상 현실을 이용한
웨어러블 디바이스의 장점 ③ / 웨어러블 디바이스의 장점 ④
게임을 생생하게 즐길 수 있고, 다른 디바이스와 연동하여 현실을 게임에 반영하는 것도 가능하다.
▶ 웨어러블 디바이스의 장점

글 내용 한눈에 보기 ●●●

본문 53쪽

1 웨어러블 **2** 시계 **3** 디스플레이 **4** 손 **5** 게임

글을 이해해요

☑ 자기 평가

본문 54쪽

01 (내용 이해)
⑤ ◯ ✕

02 (내용 추론)
⑤ ◯ ✕

03 (내용 비판)
① ◯ ✕

04 (중심 내용 쓰기)
웨어러블 디바이스는 <u>입거나, 쓰거나, 신거나, 찰 수 있는</u> 형태의 기기로, 안경과 시계를 비롯한 여러 형태가 있으며, 이를 활용하여 우리는 다양한 편리와 혜택을 누릴 수 있다. ◯ ✕

01 1~2문단의 내용으로 볼 때 웨어러블 디바이스는 입거나, 쓰거나, 신거나, 찰 수 있는, 즉 몸에 착용하는 형태의 다양한 스마트 기기들을 의미해요.

(오답풀이)
① 5문단에서 웨어러블 디바이스를 게임에 활용할 때 다른 디바이스와 연동할 수 있다고 했어요.
② 웨어러블 디바이스는 몸에 착용하여 보거나 말하는 것만으로도 조작이 가능해요.
③ 2문단에서 시계 형태 외에도 헤드 밴드, 안경, 손목 밴드, 양말, 신발 등 다양한 형태의 디바이스가 있다고 했어요.
④ 웨어러블 디바이스는 몸에 착용하는 것이므로 보관용 가방이 필요하지 않아요.

02 4문단에 따르면 뇌파를 측정하는 디바이스는 시계 형태의 디바이스가 아니라 헤드 밴드형 디바이스예요. 뇌의 활동에 의해 일어나는 전류인 뇌파를 측정하려면 웨어러블 디바이스를 머리에 착용해야 해요.

(오답풀이)
①, ②, ④ 4문단에서 시계 형태의 웨어러블 디바이스, 즉 스마트 워치는 스마트폰과 연결하여 위치와 날씨 확인이 가능하고, 전화 통화도 할 수 있다고 했어요.
③ 4문단에서 시계 형태의 웨어러블 디바이스는 운동량을 기록하여 건강 관리를 할 수 있다고 했어요.

03 5문단에 제시된 웨어러블 디바이스의 장점 중 충전에 대한 내용은 나와 있지 않아요. 또한 '영구적'은 오랫동안 변하지 않고 계속된다는 의미예요. 웨어러블 디바이스와 같은 전자 기기는 충전을 해서 지속적으로 전력을 공급해야 사용할 수 있어요.

04 이 글은 웨어러블 디바이스의 개념과 종류, 용도와 장점에 대해 설명한 글이에요.

어휘를 익혀요

본문 55쪽

01 **1** 뇌파 **2** 일상화 **3** 디바이스   **02** **1** 부착 **2** 즉각적   **03** **1** 반영 **2** 장착 **3** 연동

13 아름다운 거래, 공정 무역

본문 56~57쪽

코칭Tip 이 글은 공정 무역의 의미와 원칙에 대해 설명하는 글입니다. 공정 무역이 무엇인지와 더불어 글쓴이가 공정 무역을 왜 아름다운 거래라고 표현했는지 이해하며 글을 읽을 수 있도록 합니다.

1 우리가 먹는 초콜릿의 원료는 카카오나무의 열매인데, 이 나무는 열대 지방의 습기가 많고 그늘진 곳에서만 자란다. 그렇기 때문에 우리나라를 비롯한 많은 나라가 초콜릿의 원료인 카카오를 수입해야만 한다. 카카오의 약 70 %는 서아프리카의 소규모 농장에서 재배되고 있다. 이곳에서 일하는 사람들은 일주일 내내 고된 노동에 시달리지만 하루에 버는 돈이 우리나라 돈으로 약 이천 원밖에 되지 않는다. 카카오를 수입하는 나라나 기업이 터무니없이 싼 가격에 카카오를 사 가기 때문이다. 그렇기 때문에 이곳에서 일하는 사람들은 오랜 시간 노동을 해도 가난에서 벗어나지 못한다. 게다가 농장에서는 품삯이 싼 일꾼을 구하다 보니 심한 경우에는 어른도 하기 힘든 농장 일을 아이들을 끌고 와 시키기까지 한다. 과연 이것이 옳은 일일까?

▶ 카카오 농장에서 적은 임금을 받고 고된 노동에 시달리는 생산자

2 세계화가 이루어짐으로써 나라 사이의 무역은 빠르게 증가하였다. 무역이란 나라와 나라 사이에 이익을 위해 재화나 서비스를 사고파는 것을 의미한다. 우리가 일상생활에서 자주 대하는 초콜릿, 설탕, 커피와 같은 먹거리들이나 저렴한 의류는 개발 도상국에서 주로 생산하여 선진국으로 수입된다. 하지만 이러한 제품들을 수입해서 소비하는 선진국은 자기 나라의 이익만을 위해 불공정한 방식으로 무역을 하는 경우가 많다. 원재료를 터무니없이 낮은 가격에 사는 것처럼 말이다. 앞서 살펴보았던 카카오 농장의 이야기가 이 경우에 해당한다.

▶ 선진국과 개발 도상국 사이에 불공정하게 이루어지기도 하는 무역

3 공정 무역은 선진국이 이익을 독차지하는 불공정한 무역 형태를 공정하게 바꾸고, 개발 도상국의 빈곤 문제를 해결하기 위해 시작된 국제적인 운동이다. 한마디로 개발 도상국 생산자의 경제적 자립을 돕고 그들에게 좀 더 유리한 무역 조건을 제공하여 지속 가능한 발전을 하도록 하는 무역 형태를 말한다. 이러한 무역 형태는 단지 개발 도상국 생산자에게만 유리한 것은 아니다. 『소비자 역시 믿을 수 있는 먹거리를 제공받을 수 있고, 정당한 노동의 대가를 제공함으로써 빈곤 때문에 고통받는 생산자를 도울 수 있다.』 이러한 공정 무역은 오른쪽 내용과 같은 원칙을 바탕으로 이루어지고 있다.

공정 무역

- 경제적으로 소외된 생산자가 시장에 접근할 기회를 높인다.
- 소비자는 정당한 가격을 지불하여 수입한다.
- 생산자에게 양호한 노동 환경을 제공한다.
- 아동 노동, 강제 노동을 금지한다.

▶ 공정 무역의 의미와 공정 무역이 이루어지는 원칙

4 그렇다면 공정 무역이 잘 이루어지도록 하기 위해 개인이 할 수 있는 일은 무엇일까? 먼저 공정 무역 인증 마크가 붙은 상품을 구입하는 방법이 있다. 이 마크는 국제 공정 무역 기구에서 부여하는 마크로, 까다로운 공정 무역 기준을 통과한 상품에만 붙일 수 있다. 그리고 물건을 살 때 과연 이 물건이 어떤 과정을 거쳐 우리 손까지 오게 됐는지를 따져 보는 것도 중요하다. 한 사람 한 사람의 관심이 모이면 그 과정은 점점 투명해질 것이다. 노동에 대한 정당한 대가를 지불하는 소비자야말로 진정 아름다운 소비가 아닐까?

▶ 정당한 노동의 대가를 지불하기 위해 개인이 할 수 있는 일

▲ 공정 무역 인증 마크

⊻ 글 내용 한눈에 보기 •••

본문 57쪽

1 공정   **2** 생산자   **3** 가격   **4** 인증   **5** 노동

◀ 글을 이해해요 ▶

☑ 자기 평가

본문 58쪽

01 (내용 추론)
① ○ ✕

02 (내용 이해)
⑤ ○ ✕

03 (내용 비판)
경빈 ○ ✕

04 (중심 내용 쓰기)
공정 무역은 개발 도상국 생산자에게 좀 더 유리한 무역 조건을 제공하여 지속 가능한 발전을 하도록 하는 무역 형태로, 노동에 대한 정당한 대가(정당한 노동의 대가)를 지불하는 아름다운 거래이다.

○ ✕

01 글쓴이는 초콜릿의 원료를 알려 주려고 이 글을 쓴 것이 아니에요. 카카오 농장의 이야기를 통해 선진국이 개발 도상국에서 원료를 터무니없이 싸게 수입하는 일이 왜 잘못되었는지를 말하고 있어요.

(오답 풀이)

② 1문단에서 농장 일은 어른도 하기 힘든 일인데 품삯이 싼 일꾼을 구하다 보니 아이들까지 일을 하게 한다고 했어요.

③ 1문단에서 농장 일을 하는 사람들은 일주일 내내 고된 노동에 시달린다고 했어요.

④, ⑤ 1문단에서 카카오를 선진국에서 너무 싼 가격에 사 가다 보니, 농장 일을 하는 사람들이 하루 종일 일해도 이천 원 정도밖에 받지 못한다고 했어요.

02 공정 무역에 대해서는 3문단에서 설명하고 있어요. 3문단에 따르면 소비자는 공정 무역을 통해 믿을 수 있는 먹거리를 제공받을 수 있고, 정당한 노동의 대가를 제공하여 빈곤으로 고통받는 생산자를 도울 수 있어요. 따라서 공정 무역이 소비자에게 불리한 제도는 아니에요.

03 카카오, 초콜릿, 설탕, 커피, 의류 등은 불공정한 방식으로 무역이 이루어지기 쉬운 물건이긴 해요. 하지만 그렇다고 해서 글쓴이가 이와 같은 물건을 아예 사용하지 말자고 말하지는 않았어요.

(오답 풀이)

서형이는 공정 무역 인증 마크가 있는 제품을 구매하려 하였고, 진원이는 구매하려는 물건이 어떤 과정을 거쳐 생산된 것인지 따져 보고 있어요. 이는 모두 4문단에서 글쓴이가 말한, 개인이 공정 무역에 참여하는 방법에 해당돼요.

04 이 글은 공정 무역의 의미와 원칙을 설명하고, 정당한 노동의 대가를 지불하는 공정 무역 제품을 소비하자는 글쓴이의 의견을 제시하고 있어요.

◀ 어휘를 익혀요 ▶

본문 59쪽

01 **1** ㄷ   **2** ㄱ   **3** ㄴ   **02** **1** ○   **2** ✕   **3** ○   **03** **1** 독차지   **2** 정당   **3** 지불

14 한류가 힘이다

코칭 Tip 이 글은 한류의 역할과 한류 열풍을 불러온 원인에 대해 설명하는 글입니다. 한류가 문화적, 경제적 측면에서 어떤 역할을 하고 있는지를 중점적으로 파악하며 글을 읽을 수 있도록 합니다.

1 나라와 나라는 정치적·경제적·문화적으로 외교 관계를 맺고 서로 영향을 주고받는다. 이때 한 나라가 다른 나라에 영향을 주는 힘에는 하드 파워와 소프트 파워가 있다. 하드 파워는 군사력이나 경제력으로 상대를 압박하는 힘을 말한다. 반면 소프트 파워는 이와 대응되는 개념으로 학문, 교육, 문화, 예술 등으로 상대에게 영향을 주는 힘을 말한다. 하드 파워가 강제적으로 상대를 순응하게 만드는 것이라면, 소프트 파워는 상대가 자발적으로 순응하도록 한다는 점이 다르다. 소프트 파워는 21세기에 들어서 생겨난 개념으로 점점 중요성이 커지고 있다. 물론 하드 파워는 여전히 강력한 힘이고, 하드 파워가 강한 나라일수록 소프트 파워가 강하다는 것도 부정할 수 없다. 그러나 문화의 세기인 21세기에 인간의 창조성을 기반으로 한 소프트 파워의 중요성은 그 어느 때보다도 강조될 것으로 예상된다.

▶ 하드 파워와 소프트 파워의 개념과 특징

2 이처럼 소프트 파워의 중요성이 그 어느 때보다 강조되는 시대에, 한류는 우리나라의 소프트 파워로서 큰 역할을 하고 있다. 한류가 우리나라의 높은 문화적 감수성을 외국에 알리고 있는 것이다. 드라마, 가요, 영화 등의 대중문화는 물론 음식 문화, 화장품이나 의류 같은 패션 문화까지 한류가 널리 퍼지고 있는 추세이다. 『우리나라의 가수, 탤런트, 영화배우의 인기가 세계적으로 높아지고 있으며, 나아가 한국이라는 나라와 한국인에 대한 관심과 애정이 생겨 한국어를 배우거나 한국 문화를 공부하는 외국인들도 늘고 있다.』 전 세계에서 유일한 분단국가 정도로만 알려져 있던 한국이 이제는 세계의 문화를 이끌어 가는 나라가 된 것이다.

▶ 한류를 우리나라의 힘이라고 본 이유 ①: 높은 문화적 감수성을 알림

3 다양한 한류 문화 콘텐츠가 전 세계로 수출되면서 자연스럽게 경제적 이익이 뒤따라오고 있다. 우리나라가 해외에서 벌어들이는 순수익을 살펴보면, 한류와 관련성이 높은 영상과 음악, 게임 부문에서 가장 많이 수익이 나는 것을 알 수 있다. 또 이러한 문화 콘텐츠의 인기에 힘입어 가전제품, 자동차, 휴대 기기와 같은 한국 제품에 대한 관심도 높아지고 있다.

▶ 한류를 우리나라의 힘이라고 본 이유 ②: 경제적 이익을 높임

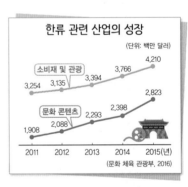

한류 관련 산업의 성장
(단위: 백만 달러)

소비재 및 관광: 3,254 3,135 3,394 3,766 4,210
문화 콘텐츠: 1,908 2,088 2,293 2,398 2,823

2011 2012 2013 2014 2015(년)
(문화 체육 관광부, 2016)

4 그렇다면 무엇이 오늘날의 한류 열풍을 가능하게 만들었을까? 바로 다양하고 질 좋은 한류 문화 콘텐츠가 유튜브, SNS와 같은 온라인 매체에 힘입어서 전 세계로 퍼져 나갔기 때문이다. 『그리하여 해외에서도 인터넷에 접속만 하면 언제든지 자신의 관심 분야에 맞는 한류 문화 콘텐츠를 소비할 수 있게 되었다. 더 나아가 소비자들이 스스로 한류 관련 콘텐츠를 만들어 인터넷상에 올림으로써 한류 문화 콘텐츠가 자연스럽게 재생산되어 널리 퍼지고 있다.』

▶ 한류 열풍을 불러온 문화 콘텐츠의 우수성과 온라인 매체의 활성화

5 1990년대 말부터 아시아에서 불기 시작한 한류 열풍은 이제 아시아를 넘어서 전 세계로 퍼지고 있다. 이미 인기가 높은 케이팝(K-pop), 케이뷰티(K-beauty)뿐만 아니라 케이푸드(K-food), 케이스포츠(K-sport), 케이무비(K-movie) 등 더 많은 분야에 '코리아'라는 글자가 앞에 새겨질 것이다. 세계를 움직이는 부드러운 힘인 소프트 파워, 그 중심에는 바로 한류가 있다.

▶ 세계를 움직이는 부드러운 힘인 한류

글 내용 한눈에 보기 ●●●

본문 61쪽

1 한류 **2** 한국어 **3** 경제적 **4** 콘텐츠

글을 이해해요

☑ 자기 평가

본문 62쪽

01 (내용 추론)
⑤   ○ ✕

02 (내용 추론)
②   ○ ✕

03 (내용 이해)
1 군사력   **2** 자발적   ○ ✕

04 (중심 내용 쓰기)
오늘날 한류는 우리나라의 <u>높은 문화적 감수성</u>을 외국에 알리고 있고, 많은 경제적 이익을 가져오고 있으며, 여러 온라인 매체를 통해 전 세계로 퍼지고 있다.   ○ ✕

01 3문단에서 한류 문화 콘텐츠가 전 세계로 수출되면서 경제적 이익이 뒤따라오고 있으며, 특히 한류와 관련성이 높은 영상, 음악, 게임 등에서 수익이 많이 난다고 한 것으로 보아 한류의 인기로 경제적 효과가 늘어나고 있다고 할 수 있어요.

02 2문단에서 한류가 세계적으로 널리 퍼지면서 전 세계에서 유일한 분단국가 정도로만 알려져 있던 한국이 이제는 문화를 이끌어 가는 나라가 되었다고 했어요. 따라서 한국이 전 세계에서 유일한 분단국가임이 널리 알려지는 것은 한류 열풍의 사례로 볼 수 없어요.

(오답풀이)
① 2문단에서 한국의 음식 문화도 널리 퍼지고 있는 추세라고 했으니, 한국 음식의 수출이 늘고 있는 것은 한류 열풍의 사례로 볼 수 있어요.
③ 2문단에서 한국 연예인의 인기가 높아지면서 한국어를 배우는 외국인들도 늘고 있다고 했어요.
④ 4~5문단을 통해 케이팝, 케이뷰티 등을 다룬 유튜브 콘텐츠가 전 세계로 퍼져 나가고 있음을 알 수 있어요.
⑤ 2, 5문단을 통해 케이팝이 세계적으로 널리 인기를 얻고 있음을 알 수 있으니, 케이팝 커버 댄스가 인기를 끄는 것도 한류 열풍의 사례로 볼 수 있어요.

03 하드 파워와 소프트 파워에 대해서는 1문단에서 다루고 있어요. 하드 파워는 군사력이나 경제력으로 상대를 압박하여 강제적으로 순응하게 만드는 힘이에요. 반면 소프트 파워는 학문, 교육, 문화, 예술 등으로 상대에게 영향을 줘서 상대가 자발적으로 순응하도록 만드는 힘이에요.

04 이 글은 한류의 문화적, 경제적 측면의 역할과 한류 열풍이 온라인 매체를 통해 전 세계로 퍼지고 있음을 설명한 글이에요.

어휘를 익혀요

본문 63쪽

01 **1** ㄴ **2** ㄷ **3** ㄱ   **02** **1** 압박 **2** 순수익 **3** 순응   **03** **1** 열풍 **2** 자발적 **3** 재생산

코칭 Tip 이 글은 암호의 방식 중 스키테일 암호와 시저 암호에 대해 설명하는 글입니다. 스키테일 암호와 시저 암호의 암호화, 복호화 방법을 파악하며 글을 읽을 수 있도록 합니다.

1 '암호'라는 말은 그리스어의 '비밀'이라는 말에서 왔다. 『중요한 정보를 다른 사람은 모르게 비밀스럽게 전하는 방법, 즉 평문을 해독 불가능한 형태로 변형하거나, 암호문을 해독 가능한 상태로 변환하는 모든 원리, 방법을 '암호'라고 한다.』평문은 변형이 없는 보통의 글을 말하고, 암호문은 평문을 변형하여 암호로 쓴 글을 말한다. 평문을 암호문으로 바꾸는 과정을 '암호화'라고 하고, 암호문을 평문으로 바꾸는 과정을 '복호화'라고 한다. ▶ '암호'라는 말의 어원과 암호의 의미

2 그렇다면 처음 쓰인 암호는 어떤 방식이었을까? 고대 그리스의 스파르타 지역에서는 전쟁 시에 비밀 정보를 교환하기 위해 '스키테일 암호'라는 방식을 사용하였다. 전쟁 중에 전해야 할 비밀 메시지가 생기면 스키테일에 양피지를 위에서 아래로 감고, 비밀 메시지를 가로로 적은 후 양피지를 풀어 상대에게 전했다. 중간에 적군이 양피지를 빼앗더라도 암호를 만들 때 사용한 것과 똑같은 스키테일이 없으면 양피지에 적힌 암호를 풀 수 없기 때문에 비밀을 유지할 수 있었다. ▶ 스키테일 암호의 암호화 방법

3 예를 들어 스키테일에 양피지를 감은 상태에서 가로로 'KILL KING / TOMORROW / MIDNIGHT(내일 밤에 왕을 죽여라.)'라고 썼다고 하자. 양피지를 풀면 세로로 긴 양피지에 'KTMIOILMDLONKRIIRGNOHGWT'라고 쓰여 있을 것이다. 이 암호를 해독하려면 똑같은 스키테일에 양피지를 다시 감아야만 한다. ▶ 스키테일 암호의 예

스키테일 │ 양피지를 감기 위한 막대기

양피지 │ 양가죽을 얇게 펴서 종이처럼 만든 재료

4 또 다른 암호 방식으로는 '시저 암호'가 있다. 로마의 황제였던 카이사르가 쓰던 암호로 시저는 카이사르를 영어식으로 표현한 이름이다. 카이사르 왕은 비밀 메시지를 보내기 위해 알파벳을 세 자리 뒤로 이동하여 암호문을 적었다. 즉 평문 문자 A는 암호 문자인 D로, 평문 문자 B는 암호 문자인 E로 바꿔 썼던 것이다. ▶ 시저 암호의 암호화 방법

평문문자	A	B	C	D	E	F	G	H	I	J	K	L	M	N	O	P	Q	R	S	T	U	V	W	X	Y	Z
암호문자	D	E	F	G	H	I	J	K	L	M	N	O	P	Q	R	S	T	U	V	W	X	Y	Z	A	B	C

▲ 시저 암호의 암호화 표 예시

5 사실 스키테일 암호나 시저 암호는 규칙만 알아내면 쉽게 해독할 수 있다. 스키테일 암호는 글자를 건너뛰면서 몇 글자마다 글자가 연결되는지를 알아내면 해독할 수 있다. 『'HENTEIDTLAEAPMRCMUAK'라는 암호문은 세 글자씩 건너뛰면서 읽으면 된다. 글자를 'HENT / EIDT / LAEA / PMRC / MUAK'처럼 띄어 쓴 다음 '빨간색 → 파란색 → 초록색 → 검은색' 글자 순으로 읽어 보자. 'HELP ME I AM UNDER ATTACK(도와주세요. 공격당하고 있어요.)'라고 해독할 수 있다.』시저 암호는 원래 알파벳보다 몇 자리 뒤에 있는 알파벳으로 바꿔 쓰느냐에 따라 암호가 달라진다. 알파벳은 26자밖에 없으므로 자리 이동도 25번까지밖에 안 된다. A를 한 자리씩 이동하면 B, C, D, E, F, G, H, I, J, K, L, M, N, O, P, Q, R, S, T, U, V, W, X, Y, Z로 바꿔 쓸 수 있다. 그러므로 시저 암호는 최대로 25번까지 확인하면 암호를 풀 수 있다. ▶ 스키테일 암호와 시저 암호의 복호화 방법

≫ 글 내용 한눈에 보기 •••

본문 65쪽

1 스키테일 **2** 가로 **3** 시저 **4** 세 **5** 복호화

◀ 글을 이해해요 ▶

☑ 자기 평가

본문 66쪽

01 (내용 이해)

① ◯ ✕

02 (내용 추론)

③ ◯ ✕

03 (내용 추론)

SECRET ◯ ✕

04 (중심 내용 쓰기)

　스키테일 암호는 스키테일에 양피지를 위에서 아래로 감고 메시지를 가로로 써서 만드므로 양피지를 똑같은 스키테일에 감아서 읽으며, 시저 암호는 원래 알파벳을 몇 자리 뒤에 있는 알파벳으로 바꿔 쓰므로 암호화한 알파벳보다 몇 자리 앞에 있는 알파벳으로 읽는다.

01 암호의 의미는 1문단에서 설명하고 있어요. 암호는 특정한 사람에게 중요한 정보를 비밀스럽게 전달하기 위해 쓰이는 것이에요. 따라서 암호를 만든 사람만 알아보면 안 되고 암호를 받는 사람도 풀 수 있어야 해요.

02 5문단에서 알파벳은 26자밖에 없어서 자리 이동도 25번까지밖에 안 되므로, 시저 암호는 최대로 25번까지 확인하면 암호를 풀 수 있다고 했어요.

(오답 풀이)

① 시저 암호를 풀려면 원래 알파벳을 몇 자리 뒤에 있는 알파벳으로 바꿔 썼는지 정리한 암호화 표가 필요해요.

② 고대 그리스의 스파르타에서는 스키테일 암호가 쓰였어요.

④ 스키테일 암호는 막대기에 감은 양피지에 메시지를 가로로 써서 만들어요.

⑤ 알파벳의 자리를 이동하여 다른 알파벳으로 표시하는 암호는 시저 암호예요.

03 시저 암호를 복호화하는 문제예요. 원판의 바깥쪽 문자에서 암호 문자를 찾은 후 그에 해당하는 평문 문자를 안쪽 문자에서 찾아보세요. 그러면 'SECRET'이라는 평문 문자가 해독돼요.

(이럴 땐 이렇게!) 그림을 보고 푸는 문제는 그림에 그려진 내용이 정말 중요해요. 이 문제의 그림 속 시저 암호는 원래 알파벳을 스무 자리 뒤로 이동하여 적었네요.

04 이 글은 여러 가지 암호를 만드는 원리 중 스키테일 암호와 시저 암호의 암호화, 복호화 방식에 대해 설명한 글이에요.

◀ 어휘를 익혀요 ▶

본문 67쪽

01 **1** ㄴ **2** ㄷ **3** ㄱ 　　**02** **1** 평문 **2** 해독 　　**03** **1** 변환 **2** 교환

35

16 의공학, 어디까지 발전할까

> **코칭 Tip** 이 글은 의공학의 연구 분야와 현재 의공학 기술의 발달 수준을 설명하는 글입니다. 글쓴이가 의공학 기기에 대해 어떻게 생각하고 있는지 파악하며 글을 읽을 수 있도록 합니다.

1 **의공학**은 의학과 공학, 자연 과학 등이 융합된 기술 분야이다. 의공학에서는 다양한 의료 기기를 개발할 뿐 아니라
　　　　중심 소재　　　　　　　　　의공학의 개념　　　　　　　　　　　　　　　　　　　　　　　　　　　의공학의 연구 분야
의수나 의족, 인공 장기처럼 신체 부위를 대체하는 기술을 연구한다. 최근 한 뉴스에 따르면 태어날 때부터 오른팔이 없었던 아이가 두 손으로 햄버거를 먹고, 사고로 하반신이 마비되었던 남자가 19년 만에 다시 걸었다고 한다. 이 기적 같은 일이 과연 어떻게 실현된 것일까?　　　　　　　　　　　　　　　　▶ 의공학이 다루는 기술 분야와 하는 일

2 영화 속 아이언맨은 첨단 기술로 만들어진 슈트를 입는 순간 천하무적 영웅이 된다. 의공학 기기 중 '입는 로봇'을
'외골격 로봇'이라고 한다.『외골격 로봇 다리를 이용하면 하반신 마비 환자도 두 발로 걸을 수 있다. 계단을 오르거나 문
■: 의공학 기기의 예　　　　　『 』: 외골격 로봇 다리의 효과
턱을 넘기 어려운 휠체어의 불편함을 해소할 수 있고, 두 발로 걷고 싶다는 환자들의 꿈도 이룰 수 있는 것이다.』다만 현재의 기술로는 로봇 다리를 착용하더라도 양손에 목발 같은 지팡이를 짚어야만 걸을 수 있다는 한계가 있다.
　　　　　　　　　　　　　　　　　　현재 외골격 로봇 다리의 한계　　　　　　　　　▶ 외골격 로봇 다리를 사용한 예

3 원하는 대로 몸을 움직일 수 없는 파킨슨병 환자를 위한 외골격 로봇 팔도 개발되었다. 파킨슨병에 걸리면 보통 손
　　　　　　　　　　　　　　　　팔다리와 몸이 떨리고 경직되는 병
을 심하게 떨기 때문에 물건을 집거나 문고리를 잡는 것과 같은 손동작을 하기 어렵다. 외골격 로봇 팔은 환자의 손떨 림을 자동으로 감지하여 이를 줄여 주고, 환자의 의도를 읽어서 정밀한 손동작을 할 수 있게 돕는다. 이처럼 질병이나
　　　　　　　　　　　　　　　　　외골격 로봇 팔의 효과
사고로 일상생활에 어려움을 겪는 사람들의 재활을 위한 다양한 외골격 로봇이 개발되고 있다. 이 밖에 산업 현장에서
　　　　　　　　　　외골격 로봇의 개발 목적
사용할 수 있는 외골격 로봇도 개발되고 있다. 건설 현장이나 공장 등에서 오랜 시간 반복적인 작업을 하는 노동자들이 외골격 로봇을 입고 일하면 신체 피로가 줄고 부상을 방지할 수도 있다.　　　　　▶ 외골격 로봇 팔을 사용한 예
　　　　　　　　　　노동 환경에서의 외골격 로봇의 효과

4 좀 더 작은 의공학 기기도 있다. 청력을 거의 잃은 환자는 보청기를 사용해도 별로 효과가 없다. 이때 **'인공 와우'** 라는 장치를 귓속에 이식하면 이런 환자도 소리를 들을 수 있다. 인공 와우는 가느다란 실처럼 생긴 연결선을 달팽이관
　　　　　　　　　　　　　　　　　　　　　　　　　　　　　　　인공 와우의 개념
에 집어넣어 몸 밖에 있는 마이크와 연결한 장치이다.『마이크가 소리를 감지하면 그 소리가 디지털 신호로 바뀌어, 전
　　　　　　　　　　　　　　　　　　『 』: 인공 와우 장치로 소리를 듣는 원리
극을 따라 달팽이관의 청각 세포에 전달된다. 그러면 청각 신경이 뇌로 신호를 전달하여 소리를 인지할 수 있게 한다.』 인공 와우를 이식한 후에는 인공 와우에 적응하는 기간이 필요하며 이식한 장치를 꾸준히 관리해야 한다.
　　　　　　　　　　　　　　　　　　　　　　　　　　　　　　▶ 인공 와우의 개념 및 원리

5 의공학의 발달로 신체 일부를 위한 기기 외에도 전신 마비 환자를 위한 외골격 로봇도 개발 중이라고 한다. 이는 신체가 불편했던 사람들에게는 기쁜 소식이라 하겠다. 하지만 의공학 기기를 많은 사람들에게 보급하기 위해서는 앞으로 넘어야 할 과제도 많다. 먼저 환자들이 수백에서 수천만 원에 달하는 고가의 기기를 사용할 수 있으려면 보조금이나
　　　　　　　　　　　　　　　　　　　　　　　　　　의공학 기기를 널리 보급하기 위한 과제 ①
건강 보험 적용 등 재정적인 지원이 필요하다. 또한 몸에 착용하는 로봇의 경우 무게가 많이 나가기 때문에 사용자가
　　　　　　　　　　　　　　　　　　　　　　　　　　의공학 기기를 널리 보급하기 위한 과제 ②
느끼는 무게를 줄이는 기술 개발도 필요하다. 의공학 기술의 발전과 더불어 의공학 기기의 사용을 지원하는 정책도 같 이 마련되기를 바란다.
　　　　　　　　　　　　　　▶ 의공학 기기를 널리 보급하기 위해 앞으로 해결해야 할 과제

❯❯ 글 내용 한눈에 보기 •••

본문 73쪽

1 향신료 **2** 혈액 **3** 알리신 **4** 멀미

◀ 글을 이해해요 ▶

☑ 자기 평가 본문 74쪽

01 (내용 이해)
④

◯ ✕

02 (내용 이해)
⑤

◯ ✕

03 (내용 비판)
⑤

◯ ✕

04 (중심 내용 쓰기)
계피, 마늘, 생강과 같은 향신료는 <u>음식의 맛을 더할</u> 뿐만 아니라, 우리 몸에 유익한 다양한 효능을 가지고 있다.

◯ ✕

01 계피에 관한 내용은 2문단에 나와 있어요. 2문단에 따르면 계피는 장기의 기능을 활성화하여 소화 장애가 있거나 설사가 날 때 그 증상을 완화해 주는 향신료예요.

(오답 풀이)
① 계피는 서양과 우리나라 모두에서 여러 음식에 사용되는 인기 있는 향신료예요.
② 계피는 기원전 4000년 무렵부터 쓰인 세계에서 가장 오래된 향신료 중 하나예요.
③, ⑤ 주로 육류 요리에 쓰이며 주성분이 알리신인 향신료는 계피가 아니라 마늘이에요.

02 5문단에서 생강을 비롯한 향신료는 소화액의 분비를 촉진하기에 소화 궤양이나 위염이 있는 사람이 많이 먹으면 속 쓰림이 악화된다고 했어요.

03 1문단에서 향신료는 과거뿐만 아니라 오늘날에도 여전히 우리의 식생활과 건강에 중요한 역할을 하고 있다고 했어요.

(오답 풀이)
① 계피의 시남알데하이드와 마늘의 알리신은 모두 우리 몸의 혈액 순환을 원활하게 해 줘요.
② 생강의 진저롤은 구토, 메스꺼움 증상을 완화해 주어 멀미 개선 효과가 뛰어나기 때문에, 멀미가 심할 때 생강을 섭취하면 도움이 돼요.
③ 의학이 발달하지 않았던 과거에는 향신료가 약품으로도 쓰였어요.
④ 향신료를 지나치게 섭취하면 속 쓰림이 악화돼요.

04 이 글은 향신료의 예로 계피, 마늘, 생강을 소개하며, 향신료가 음식의 맛을 더해 주고 우리 몸에 유익한 다양한 효능을 가지고 있음을 설명하고 있어요.

◀ 어휘를 익혀요 ▶

본문 75쪽

01 **1** ㄷ **2** ㄱ **3** ㄴ   **02** **1** 악화 **2** 촉진 **3** 식생활   **03** **1** 알싸 **2** 완화 **3** 확장

18 다른 게 틀린 건 아니야

본문 76~77쪽

코칭 Tip 이 글은 다양한 문화가 공존하는 사회에서 지녀야 하는 문화 상대주의적 태도에 관해 설명하는 글입니다. 문화 상대주의에 대한 글쓴이의 생각을 파악하며 글을 읽을 수 있도록 합니다.

① 오늘날 우리 사회는 인종, 민족, 종교 등에 따른 다양한 문화가 공존하는 사회로 변화하고 있다. 교통이 발달하여 국가 간에 자유롭게 이동할 수 있게 되고, 정보 통신이 발달하여 거리의 제약 없이 전 세계인이 정보를 주고받을 수 있게 되었기 때문이다. 최근에는 취업, 결혼 등으로 우리나라에 체류하는 외국인의 수가 늘어나고 있으며 그 국적도 다양해지고 있다. 한 사회 안에서 세계 각국의 다양한 문화가 만나면 여러 가지 삶의 형태를 경험할 수 있다는 이점도 있지만, 문화적 차이 때문에 오해와 갈등이 생기기도 한다. ▶ 다양한 문화가 공존하는 사회로 변화하는 우리 사회

② 『처음 만난 미얀마 사람과 인사를 하는데 그 사람이 팔짱을 끼고 고개를 숙인다면 어떤 생각이 들까? '마음에 안 드는 일이 있나?', '내가 잘못한 일이 있나?' 하는 생각이 들고 당황할 것이다. 그러나 걱정과 달리 그 미얀마 사람은 반갑게 인사를 한 것이다. 팔짱을 낀 채로 고개를 숙여 인사를 하는 미얀마의 인사법은 영국의 식민 지배를 받을 때 생겨났다. 영국의 식민지 시절에 미얀마 사람들은 영국 사람에게 자신이 무기를 가지지 않았고 위험한 사람이 아님을 표현하기 위해 팔짱을 끼고 인사를 했다고 한다. 시간이 흐르면서 이 인사법이 존경의 표시로 발전하였고, 팔짱을 끼고 상대방의 이야기를 듣는 것이 상대방을 존중한다는 의미를 나타내게 되었다.』 ▶ 팔짱을 낀 채로 인사하는 미얀마 인사법에 대한 이해

③ 종교에 따라 음식 문화에 차이가 나타나기도 한다. 이슬람교를 믿는 사람들은 돼지고기를 먹지 않는다. 이들은 코란이라는 경전의 내용을 삶의 기준으로 삼고 생활한다. 경전의 내용에 따라 먹을 수 있는 것과 먹을 수 없는 것이 정해져 있는데, 그 경전에 돼지고기를 먹는 것을 금지한다는 내용이 있기 때문에 돼지고기를 멀리하게 된 것이다. 한편, 힌두교를 믿는 사람들은 소를 신성한 존재로 여기기 때문에 소고기를 먹지 않는다. 이들이 처음부터 소고기를 먹지 않았던 것은 아니다. 『농사를 많이 짓게 되면서 농사일을 돕고 우유를 제공해 주는 소의 중요성이 커졌고, 소가 신이 타고 다니는 신성한 가축이라는 믿음이 더해져 소고기를 먹지 않게 된 것이다.』 ▶ 돼지고기를 먹지 않는 이슬람교와 소고기를 먹지 않는 힌두교에 대한 이해

④ 우리나라 문화에서 보면 미얀마의 인사법, 이슬람교도와 힌두교도의 음식 문화는 낯설게 느껴진다. 하지만 그들의 삶과 역사를 살펴보면 그 문화를 충분히 이해하고 인정할 수 있을 것이다. 이렇게 문화의 다양성을 인정하고, 다른 나라와 지역의 독특한 역사, 자연환경, 사회적 특징 등을 고려하여 그 문화를 이해하는 태도를 문화 상대주의라고 한다. ▶ 문화의 다양성을 인정하는 태도인 문화 상대주의

⑤ 오늘날과 같은 다문화 사회에서는 다른 문화에 자기 문화의 잣대를 들이대며 함부로 해석하거나 평가하는 태도를 피하고, 서로의 다름을 인정하는 태도를 지녀야 한다. 우리의 것만이 소중하다고 주장하는 것, 반대로 다른 문화가 우수하다고 여기며 우리 문화를 낮추는 것 모두 바람직하지 않은 태도이다. 어떤 문화가 '틀리다' 혹은 '그르다'고 생각하기보다 우리 문화와 '다른' 부분을 이해하려고 노력해 보자. 그러면 보다 넓은 세상을 받아들일 수 있고, 다양한 문화를 가진 사람들과 함께 살아가는 사회를 만들 수 있을 것이다. ▶ 다문화 사회에서 문화의 차이를 인정하고 이해하려는 노력의 필요성

≫ 글 내용 한눈에 보기 ●●●

본문 77쪽

❶ 문화 ❷ 미얀마 ❸ 돼지고기 ❹ 상대주의

◀ 글을 이해해요 ▶

☑ 자기 평가

본문 78쪽

01 (내용 이해)
②

○ ✕

02 (내용 추론)
❶ 역사   ❷ 문화 상대주의

○ ✕

03 (내용 이해)
④

○ ✕

04 (중심 내용 쓰기)

다양한 문화가 공존하는 오늘날 사회에서는 문화의 다양성을 인정하고, 자기 문화의 잣대로 다른 문화를 <u>함부로 해석하거나 평가하는</u> 태도를 피해야 한다.

○ ✕

01 오늘날 우리 사회가 다문화 사회로 변화하고 있는 현상에 관해서는 1문단에서 제시하고 있어요. 교통이 발달함에 따라 국가 간 이동이 자유로워지면서 세계 각국의 다양한 문화를 접할 수 있게 된 것이죠.

(오답풀이)
① 1문단에서 최근 우리나라에 체류하는 외국인의 수가 늘어나고 있으며, 그 국적도 다양해지고 있다고 했어요.
③, ④ 1문단에서 오늘날 우리 사회는 교통과 정보 통신 발달로 다양한 문화가 공존하는 사회로 변화하고 있다고 했어요.
⑤ 1문단에서 한 사회 안에서 다양한 문화가 만나면 문화적 차이 때문에 오해와 갈등이 생기기도 한다고 했어요.

02 제시된 글은 미얀마의 독특한 인사법이 생겨난 이유를 설명하고, 우리와 다른 문화를 어떤 태도로 대해야 하는지를 다루고 있어요. 4문단에서 설명하는 '문화 상대주의'는 이 글 전체의 핵심이라고 할 수 있어요.

03 3문단에 따르면 이슬람교에서는 코란이라는 경전의 내용에 따라 먹을 수 있는 것과 먹을 수 없는 것이 정해져 있다고 했어요.

(오답풀이)
① 이슬람교를 믿는 사람들은 돼지고기만 먹을 수 없어요.
② 힌두교를 믿는 사람들은 소고기만 먹을 수 없어요.
③ 이슬람교가 아니라 힌두교가 소를 신성하게 여겨 먹지 않아요.
⑤ 힌두교가 아니라 이슬람교에서 코란이라는 경전의 가르침에 따라 돼지고기를 먹지 못하게 해요.

04 이 글은 다양한 문화가 공존하는 오늘날 사회에서 지녀야 하는 태도인 문화 상대주의에 대해 설명하고, 문화의 차이를 인정하고 이해하려는 태도를 지녀야 함을 강조하고 있어요.

◀ 어휘를 익혀요 ▶

본문 79쪽

01 ❶ 신성 ❷ 잣대 ❸ 다문화   **02** ❶ 존중 ❷ 제약 ❸ 해석   **03** ❶ 체류 ❷ 공존

19 생태 발자국 줄이기

코칭Tip 이 글은 지구 환경을 위해 생태 발자국을 줄여 나가자고 주장하는 글입니다. 생태 발자국이 넓어지면 어떤 문제점이 발생하는지 파악하며 글을 읽을 수 있도록 합니다.

1 사람은 자연에서 자원을 얻어 경제생활을 하고, 이 과정에서 생겨나는 쓰레기를 다시 자연으로 배출한다. **생태 발자국**이란 이렇게 사람이 살아가면서 자연에 남기는 발자국을 말한다. 생태 발자국은 한 사람이 사용하는 모든 자원의 생산 비용과 쓰레기 처리 비용을 땅의 넓이로 바꿔서 보여 준다. 따라서 생활 속에서 자원을 많이 소비할수록 생태 발자국은 넓어지게 된다. 2008년에 생태 발자국은 이미 지구 1.5개 정도의 넓이였다. 자원의 소비를 줄이지 않는다면 2050년에는 지구 3개 정도의 넓이에 이르게 될 것이다. 이렇게 생태 발자국이 계속해서 넓어진다면 어떤 문제점들이 발생할까? ▶ 생태 발자국의 의미와 문제 제기

2 첫째, 지구상의 동식물이 위기에 처한다. 콜탄이라는 광석은 주로 휴대 전화와 컴퓨터의 충전기를 만드는 데 쓰인다. 콩고 동부 지역은 전 세계 콜탄 생산의 3분의 2 이상을 차지하는데, 사람들은 콜탄 채굴을 위해 이곳의 자연을 분별 없이 훼손하고 있다. 콩고 카후지-비에가 국립 공원의 숲은 콜탄 채굴 작업으로 인해 파괴되었다. 이 숲은 동부 저지 고릴라의 마지막 서식지로, 숲이 사라지면서 고릴라는 멸종 위기에 처했다. 고릴라는 개체 수의 약 80 % 정도가 감소하여 현재 3,800여 마리만이 생존한 것으로 추정된다. 이처럼 휴대 전화와 컴퓨터를 계속 새로 사들이는 소비 생활은 동식물이 살아가기 힘든 환경을 만들고 있다. ▶ 생태 발자국이 넓어지면 발생하는 문제점 ①: 지구상 동식물의 위기

3 둘째, 가난한 나라의 사람들이 오염된 환경 때문에 큰 건강 피해를 입는다. 중국 꿰이위 마을은 세계 최대의 전자 쓰레기 처리 지역으로, 마을 길가와 하천에는 전자 쓰레기가 가득 쌓여 있다. 이곳 아이들은 아무 보호 장비 없이 전자 쓰레기 처리 작업을 하는데, 아이들의 몸속 납 오염 정도를 조사한 결과 80 % 이상이 납 중독으로 밝혀졌다. 문제는 잘 사는 나라에서는 중고품 재사용 수요가 적고, 환경 규제로 쓰레기 처리에 돈이 많이 들다 보니 가난한 나라로 중고품을 수출해 버린다는 데 있다. 가난한 나라에서는 싼 노동 임금을 바탕으로 전자 쓰레기를 저렴하게 분리하는데, 이 쓰레기들은 미비한 환경 규제 탓에 그대로 버려져 환경을 오염시킨다. 이처럼 가난한 나라는 전자 쓰레기 처리로 작은 경제적 기회를 얻는 대신, 심각한 건강 피해와 환경 오염을 떠안게 되는 것이다. ▶ 생태 발자국이 넓어지면 발생하는 문제점 ②: 가난한 나라의 환경 오염과 건강 피해

4 셋째, 지구 생태계 파괴로 후손들이 지구에서 살 수 없게 된다. 동식물이 멸종하면 생태계가 무너져 인간의 생존도 큰 위협을 받게 된다. 브라질의 아마존은 약 300만 종의 동식물이 살고 있고, 산소의 3분의 1 정도를 생산하는 지구의 허파이다. 하지만 열대 우림에서 자원 생산을 위한 농업과 광업 활동이 늘어나면서 아마존은 계속해서 파괴되고 있고, 이로 인해 지구 온난화가 더욱 심각해지는 중이다. 해마다 지구 곳곳에서 발생하는 산사태, 홍수, 가뭄 등의 자연재해는 모두 지구 온난화의 결과물이다. 지금처럼 환경 파괴가 계속된다면 머지않아 지구는 그 어떤 생명체도 살 수 없는 행성이 되고 말 것이다. ▶ 생태 발자국이 넓어지면 발생하는 문제점 ③: 지구 생태계 파괴

5 아름다운 자연을 누리며 건강하게 사는 일은 모든 사람이 원하는 것이다. 이러한 소망을 이루기 위해서는 지금부터 생태 발자국을 줄여 나가는 노력이 필요하다. 일회용품 사용 줄이기, 음식물 쓰레기 줄이기, 가전제품이나 가구 재사용하기, 꼭 필요한 물건만 사기 등의 생활 속 작은 실천으로 자원의 소비를 줄일 수 있다. 우리가 자원의 소비를 줄여 생태 발자국 크기를 줄일수록 깨끗한 환경에서 건강하게 살 수 있는 날은 늘어날 것이다. ▶ 생태 발자국을 줄이기 위한 노력 당부

≫ 글 내용 한눈에 보기 •••

본문 81쪽

1 생태 발자국 **2** 동식물 **3** 건강 **4** 생태계 **5** 소비

◀ 글을 이해해요 ▶

☑ 자기 평가

본문 82쪽

01 (내용 이해)
1 분별없이 훼손함 **2** 숲이 파괴됨
3 멸종 위기

◯ ✕

02 (내용 비판)
④

◯ ✕

03 (내용 추론)
③

◯ ✕

04 (중심 내용 쓰기)
깨끗한 환경에서 건강하게 살 수 있도록 <u>자원의 소비를 줄여</u> 생태 발자국 크기를 줄여 나가자.

◯ ✕

01 콩고 동부 지역의 콜탄 채굴 사례는 2문단에 나와 있어요. 2문단에 따르면 콩고에서는 콜탄 채굴 작업으로 자연이 분별없이 훼손되면서 카후지–비에가 국립 공원의 숲이 파괴되고, 그곳에 살고 있던 고릴라가 멸종 위기에 처했어요.

(이럴 땐 이렇게!) 2문단에서 문제의 빈칸 앞뒤에 언급된 내용이 담긴 문장을 찾으면 빈칸을 쉽게 채울 수 있을 거예요.

02 글쓴이는 3문단에서 전자 쓰레기가 가난한 나라로 보내져 처리됨으로써, 환경을 오염시키고 가난한 나라 사람들의 건강을 해친다고 했어요.

03 5문단에 따르면 생태 발자국을 줄이기 위해 일회용품 사용 줄이기, 음식물 쓰레기 줄이기, 가전제품이나 가구 재사용하기, 꼭 필요한 물건만 사기 등을 통해 자원의 소비를 줄여야 한다고 했어요. 그런데 신제품이 나올 때마다 휴대 전화를 새로 사는 것은 자원을 더 많이 소비하는 행위예요.

(오답 풀이)
① 장바구니를 사용하면 일회용 비닐봉지 사용을 줄일 수 있어요.
② 급식을 먹을 수 있는 만큼만 받으면 음식을 덜 남기게 되어 음식물 쓰레기를 줄일 수 있어요.
④ 이웃이 쓰던 가구를 중고품으로 구매하는 것은 가구를 재사용하는 일이에요.
⑤ 마트에 가기 전에 꼭 사야 할 물건을 적어서 가면 필요한 물건만 살 수 있어요.

04 이 글은 아름다운 자연과 깨끗한 환경을 유지하기 위해, 자원의 소비를 줄여서 생태 발자국을 줄여 나가자고 주장하는 글이에요.

◀ 어휘를 익혀요 ▶

본문 83쪽

01 **1** ㄱ **2** ㄷ **3** ㄴ   **02** **1** 훼손 **2** 규제 **3** 분별없이   **03** **1** 추정 **2** 미비

20 혈액 보유량 부족, 어떻게 해결할까

❶ 혈액은 우리의 몸속 혈관을 따라 전신을 흐르는 붉은색의 액체로, 흔히 '피'라고 부른다. 혈액은 우리 몸 구석구석을
돌며 산소와 영양분을 세포에 전달한다. 그리고 세포에서 만들어진 노폐물을 몸 밖으로 내보내는 역할을 한다. 또한 몸
밖에서 들어오는 바이러스, 세균 등으로부터 우리 몸을 보호한다. 우리 몸속에서는 매일 50 ml 정도의 혈액이 새로 생
겨나며, 3~4개월이면 모두 새것으로 바뀐다. 물을 마시거나 적은 양의 출혈이 있을 때도 혈관 속을 순환하는 혈액량은
자율적으로 조절되어 전체 혈액량은 항상 일정하게 유지된다. 따라서 이렇다 할 질병이 없는 사람이라면 한 번에 400 ml
정도의 헌혈은 건강에 지장을 주지 않는다고 한다. ▶ 혈액의 역할 및 헌혈이 건강에 지장을 주지 않는 이유

❷ 그렇다면 헌혈은 왜 필요한 것일까? 간단히 말하면, 수혈이 필요한 사람들이 있기 때문이다. 피가 부족한 위급 환
자들에게 공급할 피를 얻을 수 있는 방법은 헌혈 외에는 없다. 왜냐하면 현재 기술로는 아직 인공 혈액을 만들 수 없으
며, 혈액을 35일 이상 보관할 수 없기 때문이다. 그러므로 수혈이 필요한 환자들을 위해서는 많은 사람들이 지속적으로
헌혈을 해야 하고, 이를 통해 응급 상황에 사용할 수 있는 혈액을 항상 확보해 두어야 한다. ▶ 헌혈이 필요한 이유

❸ 그러나 우리나라는 알맞은 혈액 보유량 확보에 오랫동안 어려움을 겪어 왔다. 대한 적십자사에 따르면, 현재 우리
나라 국민의 헌혈률은 5.6 %로, 다른 선진국에 비해 높거나 비슷한 수준이다. 그럼에도 여전히 혈액 보유량이 부족하
며, 저출산과 고령화로 인해 혈액 확보 전망이 밝지만은 않다. 특히 『우리나라의 혈액 자급률은 55.1 %로, 2015년의
95.4 %보다 무려 40.3 %나 떨어졌으며, 부족한 40 %가량의 혈액을 보충하기 위해 엄청난 비용을 들여 수입하고 있다.』
헌혈자가 편중되어 있는 것도 문제다. 선진국들은 보통 30~50대의 헌혈과 개인 헌혈이 많지만, 우리나라는 10~20대
가 70 % 정도를 차지하고 있으며, 군인이나 학생 등의 단체 헌혈 비중이 매우 높다. 반면 수혈 빈도가 높은 60대 이상
의 인구는 늘고 있어서 혈액 수급에도 불균형이 심해지고 있다. ▶ 혈액 보유량이 부족한 우리나라의 현실

연도	2014	2015	2016	2017	2018
16~29세	238만 명	237만 명	210만 명	208만 명	197만 명
30세 이상	67만 명	71만 명	77만 명	84만 명	91만 명
합계	305만 명	308만 명	287만 명	292만 명	288만 명

▲ 최근 5년간 연령대별 헌혈 인구(출처: 대한 적십자사)

❹ 이러한 문제를 해결하기 위해서는 우선, 개인의 건강을 위해 헌혈을 해야 함을 알려야 한다. 영국의 한 의학 전문
지에 소개된 보고서에 따르면, 헌혈을 하면 심장 마비 위험을 대폭 줄일 수 있다. 2,682명의 중년 남성을 대상으로 한
연구 결과, 헌혈 경험이 있는 사람은 그렇지 않은 사람보다 심장 마비 발생 위험이 86 %가량 낮은 것으로 나타났다.
즉, 헌혈이 건강에 도움이 될 수 있다는 것이다. 아울러 많은 사람들에게 헌혈의 가치를 일깨움으로써, 적극적이고 지
속적으로 헌혈에 참여할 수 있도록 이끌어 나가는 것이 중요하다. ▶ 헌혈 문화를 확산시키기 위한 방안

≫ 글 내용 한눈에 보기 •••

본문 85쪽

1 순환　**2** 수혈　**3** 저출산　**4** 불균형　**5** 건강

◀ 글을 이해해요 ▶

☑ 자기 평가

본문 86쪽

01 (내용 이해)
　1 산소　　**2** 노폐물　　**3** 세균
　　○　✕

02 (내용 추론)
　④
　　○　✕

03 (내용 이해)
　⑤
　　○　✕

04 (중심 내용 쓰기)
　혈액 보유량을 충분히 확보하기 위해서는 헌혈이 <u>개인의 건강에 도움</u>이 됨을 알리고, 많은 사람들에게 <u>헌혈의 가치</u>를 일깨움으로써 적극적이고 지속적으로 헌혈에 참여할 수 있도록 이끌어 나가야 한다.

01 혈액의 역할은 1문단에 나와 있어요. 1문단에 따르면 혈액은 우리 몸 구석구석을 돌며 산소와 영양분을 세포에 전달하고, 세포에서 만들어진 노폐물을 몸 밖으로 내보내요. 그리고 몸 밖에서 들어오는 바이러스, 세균으로부터 우리 몸을 보호해요.

02 2문단에 헌혈이 필요한 이유가 제시되어 있는데, 혈액이 부족한 국가에 혈액을 나눠 줘야 한다는 내용은 나와 있지 않아요. 또한 3문단에서 우리나라는 알맞은 혈액 보유량 확보에 오랫동안 어려움을 겪어 왔다고 하였으므로, 다른 나라에 혈액을 나눠 줘야 해서 지속적인 헌혈이 필요하다는 것은 적절하지 않아요.

03 헌혈 문제와 관련한 우리나라의 현실은 3문단에 나와 있어요. 3문단에 따르면 우리나라는 수혈 빈도가 높은 60대 이상의 고령 인구가 계속 늘고 있어서 혈액 수급에 불균형이 커지고 있어요.

(오답 풀이)
① 보통 30~50대의 헌혈이 많은 선진국과 달리, 우리나라의 헌혈자는 10~20대가 전체의 약 70 %를 차지하고 있어서 특정 세대에 편중되어 있어요.
②, ③ 우리나라의 혈액 자급률은 2015년에 비해 약 40 %가 떨어졌어요. 그래서 그만큼 부족한 혈액을 보충하기 위해 엄청난 비용을 들여 수입하고 있어요.
④ 우리나라는 저출산과 고령화가 진행되고 있는데, 이로 인하여 헌혈 인구가 줄어들 것이므로 혈액 확보 전망이 밝지 않아요.

04 이 글은 혈액 보유량이 부족한 우리나라의 현실을 알리고, 이 문제를 해결하기 위해 헌혈 문화를 확산시켜 나가야 한다고 주장한 글이에요.

◀ 어휘를 익혀요 ▶

본문 87쪽

01 **1** ㄷ　**2** ㄴ　**3** ㄱ　　**02** **1** 수급　**2** 빈도　　**03** **1** 편중　**2** 노폐물

실력 확인

실력
확인
88쪽

▲ 글의 문단별 내용을 정리하고 주제를 써 보아요.

01 목걸이 하나로 뒤바뀐 인생

본문 8~9쪽

1문단 하급 관리의 아내 로 살아가는 삶에 만족하지 못하는 루아젤 부인

2문단 파티 에 하고 갈 만한 장신구가 없다고 투덜대는 루아젤 부인

3문단 친구에게 목걸이 를 빌려 파티에 갔다가 돌아온 후에 없어진 다이아몬드 목걸이

4문단 다이아몬드 목걸이를 돌려주기 위해 빌린 돈 을 갚느라 고생하는 루아젤 부부

5문단 루아젤 부인이 빌렸던 목걸이가 가짜 였다는 사실을 알려 주는 포레스티에 부인

✎**주제** 어리석은 욕망 때문에 고생을 하게 된 루아젤 부인의 이야기

02 미생물이 만드는 음식

본문 12~13쪽

1문단 발효 의 개념

2문단 발효 음식의 예 ①: 간장, 된장

3문단 발효 음식의 예 ②: 요구르트, 치즈

4문단 발효 음식의 예 ③: 빵, 술

5문단 발효와 부패 의 공통점과 차이점

✎**주제** 미생물 의 종류에 따른 발효 음식의 예와 장점

03 과자 봉지, 왜 빵빵할까

본문 16~17쪽

1문단 쉽게 구할 수 있고, 인체에 해롭지 않아 광범위하게 쓰이는 질소

2문단 질소 포장의 좋은 점 ①: 충격 완화

3문단 질소 포장의 좋은 점 ②: 제품의 변질 방지

4문단 질소 과잉 포장의 문제점과 적정 포장의 필요성

✎**주제** 질소 포장의 좋은 점과 질소 과잉 포장의 문제점

04 언제까지 먹을 수 있나요

실력 확인 89쪽

본문 20~21쪽

1문단 식 품 을 먹을 수 있는 기한을 확인하는 방법에 대한 의문
2문단 유 통 기한의 개념
3문단 소 비 기한의 개념
4문단 품질 유 지 기한의 개념
5문단 식품의 품질과 관련한 표시 기한을 확 인 하여 버려지는 음식을 줄이자는 당부

✍ **주제** 식품의 품 질 과 관련한 세 가지 기한의 개념

05 우울증 극복 방안

본문 24~25쪽

1문단 우울증의 증상 및 우울증을 극 복 해야 하는 이유
2문단 우울증 극복 방안 ①: 규칙적인 수 면 과 식사
3문단 우울증 극복 방안 ②: 적절한 운 동
4문단 우울증 극복 방안 ③: 타인과의 대화와 소 통
5문단 우울증 극복을 위한 노 력 당부

✍ **주제** 우 울 증 의 증상과 극복 방안

06 풍요를 부르는 품종 개량

본문 28~29쪽

1문단 더 많은 식 량 을 얻기 위해 시작된 품종 개량
2문단 품종 개량의 예 ①: 미국의 옥 수 수 종자 개발
3문단 품종 개량의 예 ②: 우리나라의 통일형 벼 품종 개발
4문단 품종 개량의 예 ③: 우리나라의 딸 기 품종 개발
5문단 농작물의 생 산 성 과 품질을 좋게 하는 품종 개량

✍ **주제** 품종 개량의 의미와 다양한 품종 개량 농작물의 예

실력 확인

07 단맛, 쓴맛의 비밀
본문 32~33쪽

1 문단 단맛을 좋아하고 쓴맛을 싫어하는 일 반 적 인 성향

2 문단 사람들이 단 맛 을 좋아하는 이유

3 문단 사람들이 쓴 맛 을 싫어하는 이유

4 문단 단맛을 좋아하고 쓴맛을 싫어하는 데 숨겨진 과 학 적 이유

주제 사람들이 단맛을 좋아하고 쓴맛을 싫어하는 이유

08 쇼핑, 어디까지 진화할까
본문 36~37쪽

1 문단 온 라 인 네트워크를 활용한 쇼핑의 특징

2 문단 리테일테크의 개념과 그 세부 분 야

3 문단 리테일테크가 가져온 변화 ①: 무 인 상점의 등장

4 문단 리테일테크가 가져온 변화 ②: 인공 지능 챗 봇 의 등장

5 문단 리테일테크가 가져온 변화 ③: 바이오 페 이 시스템의 등장, 리테일테크의 한계와 전망

주제 리테일테크가 쇼 핑 에 가져온 다양한 변화

09 미래에 기대되는 직업
본문 40~41쪽

1 문단 미래에 기대되는 직업 ①: 컨 벤 션 기획자

2 문단 미래에 기대되는 직업 ②: 나 무 의사

3 문단 미래에 기대되는 직업 ③: 푸 드 스타일리스트

4 문단 미래에 기대되는 직업 ④: 데이터베이스 관 리 자

주제 미래에 기대되는 네 가지 직 업

10 세계 건축물 탐방

본문 44~45쪽

①문단 파리 만국 박람회 개최에 맞추어 설계된 철탑인 에펠탑

②문단 백 년이 넘도록 짓고 있는 사그라다 파밀리아 성당

③문단 죽은 왕비를 추모하기 위해 지은 궁전 형식의 무덤인 타지마할

④문단 고대 로마 제국 때 지은 원형 경기장인 콜로세움

주제 세계 유명 건축물에 담긴 사연과 각 건축물의 특징

11 농사와 관련된 명절

본문 48~49쪽

①문단 설의 의미와 이날 하는 일

②문단 정월 대보름의 의미와 이날 하는 일

③문단 단오의 의미와 이날 하는 일

④문단 추석의 의미와 이날 하는 일

⑤문단 농사와 관련된 명절들의 공통된 의미

주제 농사와 관련 깊은 우리나라의 대표적인 네 가지 명절

12 웨어러블 디바이스

본문 52~53쪽

①문단 웨어러블 디바이스의 개념

②문단 착용 위치에 따른 웨어러블 디바이스의 종류와 대표적인 웨어러블 디바이스

③문단 웨어러블 디바이스의 특징과 용도 ①: 안경 형태

④문단 웨어러블 디바이스의 특징과 용도 ②: 시계 형태 및 다양한 형태

⑤문단 웨어러블 디바이스의 장점

주제 웨어러블 디바이스의 종류에 따른 특징과 용도 및 장점

실력 확인

13 아름다운 거래, 공정 무역

본문 56~57쪽

1문단 카카오 농장에서 적은 임금을 받고 고된 노동에 시달리는 생 산 자

2문단 선진국과 개발 도 상 국 사이에 불공정하게 이루어지기도 하는 무역

3문단 공 정 무역의 의미와 공정 무역이 이루어지는 원칙

4문단 정당한 노 동 의 대가를 지불하기 위해 개인이 할 수 있는 일

✎**주제** 공정 무 역 의 의미와 원칙 및 개인이 공정 무역에 참여하는 방법

14 한류가 힘이다

본문 60~61쪽

1문단 하드 파워와 소 프 트 파워의 개념과 특징

2문단 한류를 우리나라의 힘이라고 본 이유 ①: 높은 문 화 적 감수성을 알림

3문단 한류를 우리나라의 힘이라고 본 이유 ②: 경제적 이 익 을 높임

4문단 한류 열풍을 불러온 문화 콘 텐 츠 의 우수성과 온라인 매체의 활성화

5문단 세계를 움직이는 부드러운 힘 인 한류

✎**주제** 문화적·경제적 측면에서 본 한 류 의 역할

15 암호를 풀어라

본문 64~65쪽

1문단 '암 호 '라는 말의 어원과 암호의 의미

2문단 스 키 테 일 암호의 암호화 방법

3문단 스키테일 암호의 예

4문단 시 저 암호의 암호화 방법

5문단 스키테일 암호와 시저 암호의 복 호 화 방법

✎**주제** 스키테일 암호와 시저 암호의 암 호 화 및 복호화 방식

16 의공학, 어디까지 발전할까

본문 68~69쪽

①문단 의 공 학 이 다루는 기술 분야와 하는 일

②문단 외골격 로봇 다 리 를 사용한 예

③문단 외골격 로봇 팔 을 사용한 예

④문단 인공 와 우 의 개념 및 원리

⑤문단 의공학 기기를 널리 보 급 하기 위해 앞으로 해결해야 할 과제

주제 의공학 기기 중 외 골 격 로봇, 인공 와우 장치의 효과와 한계

17 향신료의 특징과 효능

본문 72~73쪽

①문단 향 신 료 의 개념과 쓰임

②문단 계 피 의 주성분과 효능

③문단 마 늘 의 주성분과 효능

④문단 생 강 의 주성분과 효능

⑤문단 향신료의 올바른 활 용 법

주제 향신료의 다양한 효능과 올바른 활용법

18 다른 게 틀린 건 아니야

본문 76~77쪽

①문단 다양한 문 화 가 공존하는 사회로 변화하는 우리 사회

②문단 팔 짱 을 낀 채로 인사하는 미얀마 인사법에 대한 이해

③문단 돼 지 고기를 먹지 않는 이슬람교와 소고기를 먹지 않는 힌 두 교 에 대한 이해

④문단 문화의 다 양 성 을 인정하는 태도인 문화 상대주의

⑤문단 다문화 사회에서 문화의 차 이 를 인정하고 이해하려는 노력의 필요성

주제 다문화 사회에서 필요한 문화 상 대 주 의 태도

실력 확인

19 생태 발자국 줄이기

본문 80~81쪽

①문단 생태 발 자 국 의 의미와 문제 제기

②문단 생태 발자국이 넓어지면 발생하는 문제점 ①: 지구상 동 식 물 의 위기

③문단 생태 발자국이 넓어지면 발생하는 문제점 ②: 가난한 나라의 환 경 오염과 건강 피해

④문단 생태 발자국이 넓어지면 발생하는 문제점 ③: 지구 생 태 계 파괴

⑤문단 생태 발자국을 줄이기 위한 노력 당부

✎**주제** 생태 발자국이 넓어지면 생기는 문제점과 생태 발자국을 줄이기 위한 노력의 필요성

20 혈액 보유량 부족, 어떻게 해결할까

본문 84~85쪽

①문단 혈 액 의 역할 및 헌혈이 건강에 지장을 주지 않는 이유

②문단 헌 혈 이 필요한 이유

③문단 혈액 보 유 량 이 부족한 우리나라의 현실

④문단 헌혈 문 화 를 확산시키기 위한 방안

✎**주제** 혈액 보유량 부 족 문제를 해결하기 위한 헌혈 문화 확산의 필요성